Online-Datenschutz 101

Einfache Schritte zum Schutz Ihrer Identität, Geräte und persönlichen Daten im Internet

Von Joe Correa

Veröffentlicht von Live Stronger Faster

Dieses Buch dient ausschließlich Bildungs- und Informationszwecken. Der Autor und der Verlag erbringen keine rechtliche, finanzielle oder sonstige professionelle Beratung. Leser sollten vor finanziellen Entscheidungen einen qualifizierten Fachmann konsultieren.

Erste Auflage

Inhaltsverzeichnis

Einleitung

In einer Welt, die zunehmend von Daten gesteuert wird, ist das Konzept der Online-Privatsphäre mehr als nur eine Vorliebe geworden – es ist eine Notwendigkeit. Jeder Klick, jedes Wischen und jeder Sprachbefehl, den Sie ausführen, wird Teil eines wachsenden digitalen Profils, das genutzt wird, um Sie gezielt anzusprechen, Ihnen etwas zu verkaufen, Sie zu beeinflussen oder sogar von Ihnen zu stehlen. Dennoch bleibt Online-Privatsphäre für die meisten Menschen ein vager Begriff, der oft als etwas für „Hacker und Technikfreaks" oder Verschwörungstheoretiker abgetan wird. Die Realität ist jedoch viel persönlicher – und viel dringlicher.

Online-Privatsphäre bedeutet nicht nur, Werbung zu vermeiden. Es geht darum, Ihre Identität, Ihr Geld, Ihre Familie, Ihre Karriere und Ihre Zukunft zu schützen. Die Daten, die über Sie gesammelt werden – oft ohne Ihr vollständiges Verständnis – werden genutzt, um Ihre Entscheidungen zu beeinflussen, Ihr Verhalten zu überwachen und in manchen Fällen sogar Ergebnisse in Ihrem Leben zu kontrollieren. Ob es sich um ein kompromittiertes Passwort, eine geleakte Kreditkartennummer oder Standortdaten handelt, die verfolgt und verkauft werden – die Folgen einer

Vernachlässigung der Online-Privatsphäre sind sehr real und oft sehr teuer.

Die gute Nachricht ist: Sie müssen kein Cybersicherheitsexperte sein, um sich zu schützen. Mit einigen wichtigen Werkzeugen, einfachen Gewohnheiten und einem besseren Verständnis dafür, wie Ihre Daten gesammelt werden, können Sie die Kontrolle zurückgewinnen. Dieses Buch ist Ihr Schritt-für-Schritt-Leitfaden, um genau das zu tun.

Sie werden lernen, wie man:

Die größten Datenschutzrisiken im Alltag erkennt und beseitigt

Passwörter und Authentifizierung stärkt

Private Browser und VPNs nutzt, um Internetaktivitäten zu schützen

Versteht, wie Apps, soziale Medien und Suchmaschinen Daten sammeln

Identitätsdiebstahl, Phishing und Finanzbetrug verhindert

Private Kommunikationswerkzeuge für Nachrichten und E-Mails einrichtet

Kinder und Familie vor Online-Exposition schützt

Jedes Kapitel bietet einfache, umsetzbare Lösungen, die reale Menschen sofort anwenden können. Wir werden Fachjargon vermeiden, gängige Mythen entkräften und uns auf das konzentrieren, was für den durchschnittlichen Nutzer wirklich funktioniert – egal ob Sie ein Smartphone, einen Laptop, ein Tablet oder einen Smart-TV verwenden.

Dieses Buch ist Teil der größeren Cyber Shield Academy-Serie, wurde jedoch so konzipiert, dass es auch allein vollständig verständlich ist. Wenn Sie neu im Bereich Cybersicherheit sind, sind Sie hier genau richtig. Wenn Sie nicht wissen, wo Sie anfangen sollen, finden Sie hier einen klaren Fahrplan. Und wenn Sie bereits einige Schritte zum Schutz Ihrer Privatsphäre unternommen haben, aber noch weiter gehen möchten, werden wir auch fortgeschrittene Strategien behandeln.

Warum ist das gerade jetzt so wichtig? Weil sich die Landschaft der Privatsphäre schneller verändert als je zuvor. Gesetze entwickeln sich weiter, Überwachung nimmt zu, und Technologieunternehmen finden ständig neue Wege, Ihr Verhalten zu verfolgen. Von Smart-Home-Geräten über KI-Sprachassistenten bis hin zur Gesichtserkennung in Geschäften – Ihre Privatsphäre wird auf eine Weise herausgefordert, die den meisten Menschen nicht einmal bewusst ist.

Wir erleben derzeit den größten Wandel im Bereich der persönlichen Sicherheit seit dem Aufstieg des Internets. So wie

Sicherheitsgurte in Autos zum Standard wurden, nachdem Menschen die Risiken des Fahrens verstanden hatten, müssen Werkzeuge und Gewohnheiten zum Schutz der Online-Privatsphäre zum Standard unseres digitalen Lebens werden. Je früher Sie anfangen, desto sicherer werden Sie sein.

Dieses Buch handelt nicht davon, sich vor der Welt zu verstecken. Es geht darum, sich intelligent in ihr zu bewegen. Es geht darum zu entscheiden, was Sie teilen, wann Sie es teilen und mit wem – zu Ihren Bedingungen, nicht zu denen anderer.

Beginnen wir also mit Ihrem Datenschutz-Upgrade. Blättern Sie um, drücken Sie auf Play und machen Sie sich bereit, Ihre Kontrolle im digitalen Zeitalter zurückzugewinnen. Dies ist Ihr Leitfaden für sichereres Surfen, stärkere Gewohnheiten und völlige Ruhe im Internet.

Kapitel 1: Warum Online-Privatsphäre wichtiger ist denn je

Wir leben in einer Zeit, in der Daten wertvoller sind als Öl. Das ist keine Metapher – es ist eine wirtschaftliche Realität. Jedes große Technologieunternehmen heute ist im Kern ein Datenunternehmen. Von Google über Meta bis hin zu Amazon und TikTok werden Ihre persönlichen Informationen in Echtzeit gesammelt, analysiert, verpackt und verkauft. Und auch wenn Sie die Auswirkungen dieses Datenhandels vielleicht nicht jeden Tag spüren, beeinflusst er alles – von den Werbeanzeigen, die Sie sehen, über die Preise, die Sie bezahlen, bis hin zu den Jobs, für die Sie sich qualifizieren, und sogar den Nachrichten, denen Sie ausgesetzt sind.

Aber warum sollten Sie sich überhaupt um Online-Privatsphäre kümmern? Ist das nicht einfach der Preis für Komfort in einer digitalen Welt? Schließlich haben wir uns daran gewöhnt, „kostenlose" Apps zu nutzen und dafür unsere Daten preiszugeben. Das ist doch der Deal, oder?

Das Problem ist, dass dieser „kostenlose" Deal viel teurer ist, als den meisten Menschen bewusst ist. Die Daten, die Sie preisgeben, werden verwendet, um:

Detaillierte Verhaltensprofile über Sie zu erstellen

Ihre politischen Meinungen zu beeinflussen
Zu kontrollieren, welche Inhalte Sie sehen und welche nicht
Ihr zukünftiges Verhalten und Ihre Käufe vorherzusagen
Ihre Informationen ohne Ihre vollständige Zustimmung an Dritte zu verkaufen

Dieses Ausmaß an Überwachung war früher Stoff für Spionagefilme. Heute ist es Teil Ihres Alltags. Ihr Smartphone verfolgt Ihren Standort. Ihre Social-Media-Profile analysieren Ihre Gesichtsausdrücke. Ihr Browserverlauf wird gespeichert und verkauft. Sogar Ihre E-Mails und Nachrichten können von Algorithmen analysiert werden, um Ihre Stimmung und Gewohnheiten vorherzusagen.

Nicht nur Werbetreibende interessieren sich für Ihre Daten. Auch Cyberkriminelle wollen sie. Mit den richtigen Informationen – wie Ihrer E-Mail-Adresse, Ihrem Geburtsdatum oder dem Mädchennamen Ihrer Mutter – können sie Kreditkarten in Ihrem Namen eröffnen, Ihre Bankkonten leeren oder sich als Sie ausgeben. Identitätsdiebstahl ist keine Seltenheit mehr. Er ist zu einer globalen Epidemie geworden.

Dann gibt es noch die psychologischen Folgen. Studien zeigen, dass ständige digitale Überwachung Menschen ängstlicher macht, ihre Kreativität einschränkt und dazu führt, dass sie sich selbst zensieren. Wenn Sie wissen, dass Sie beobachtet werden, verhalten Sie sich anders. Online-Privatsphäre bedeutet nicht nur, Ihre Daten zu schützen – sie bedeutet auch, Ihre Freiheit zu bewahren, zu denken, zu sprechen und zu entdecken, ohne Angst zu haben.

Was ist also die Lösung? Sie beginnt mit Bewusstsein. Sie müssen sich nicht vom Internet abmelden oder abgeschottet leben. Sie müssen lediglich bewusster damit umgehen, wie Sie online interagieren. Dazu gehört:

App-Berechtigungen vor der Installation zu lesen

Datenschutzfreundliche Browser und Suchmaschinen zu verwenden

Ihre Datenschutzeinstellungen auf allen sozialen Plattformen zu aktualisieren

Unsichere kostenlose WLAN-Netzwerke zu vermeiden

Passwort-Manager und Zwei-Faktor-Authentifizierung zu nutzen

Ihre Nachrichten und E-Mails zu verschlüsseln

Zweimal nachzudenken, bevor Sie sensible Informationen online teilen

Keine dieser Maßnahmen ist extrem. Sie sind einfach, realistisch und äußerst effektiv, sobald sie Teil Ihrer digitalen Routine werden.

Die wichtigste Erkenntnis lautet: Online-Privatsphäre bedeutet nicht, sich zu verstecken. Es geht darum, Kontrolle zu haben. Kontrolle über Ihre Daten. Kontrolle über Ihre Zeit. Kontrolle über Ihre Identität und Ihre Zukunft. Und in einer Welt, in der alles verfolgt wird, ist Kontrolle der neue Luxus.

In den folgenden Kapiteln werden wir jede Ebene Ihres digitalen Lebens untersuchen und Ihnen zeigen, wie Sie diese klar, praktisch und Schritt für Schritt schützen können.

Lassen Sie uns diese Lektion nun mit einer realitätsnahen Geschichte zum Leben erwecken ...

Alles begann mit einer vergessenen Passwort-Zurücksetzung. Maria, eine 38-jährige Grafikdesignerin aus Atlanta, hatte gerade einen arbeitsreichen Vormittag mit Kundenprojekten beendet, als sie eine E-Mail erhielt, die ihr einen Schock versetzte. Die Betreffzeile lautete: „Ihre Apple-ID wurde aufgrund verdächtiger Aktivitäten gesperrt." Ihr Herz raste. Sie hatte sich an diesem Morgen nicht eingeloggt und ihre Apple-ID auch nicht auf einem neuen Gerät verwendet.

Da sie dachte, es könnte Spam sein, überprüfte sie die Absenderdetails. Alles sah echt aus. Das Logo, die Sprache, sogar die Rücksendeadresse sahen perfekt nach Apple aus.

Ohne lange nachzudenken, klickte sie auf den Link, gab ihre Zugangsdaten ein und drückte auf „Senden".

Was danach geschah, zerstörte ihr digitales Leben.

Innerhalb weniger Stunden wurde sie aus allen Apple-Geräten ausgeloggt. Ihr Handy empfing keine Nachrichten mehr. Ihr MacBook wurde aus der Ferne gesperrt. Und das Schlimmste: Ihre Bank meldete zwei große unautorisierte Zahlungen über Apple Pay. Sie verlor den Zugriff auf ihre E-Mails, ihr PayPal-Konto und ihre sozialen Netzwerke. Es war, als wäre ihre Identität in die Hände eines Fremden geraten.

In Panik rief Maria den Apple-Support an. Die Stimme am anderen Ende bestätigte ihre schlimmsten Befürchtungen: Sie war Opfer eines Phishing-Angriffs geworden. Die E-Mail war nicht echt. Sie hatte ihre Apple-ID und ihr Passwort an einen Cyberkriminellen weitergegeben, der sofort alles zurücksetzte, was mit diesem Konto verbunden war. Ihre Fotos. Ihre Notizen. Ihre Kontakte. Ihr gesamtes digitales Leben.

Der Wiederherstellungsprozess war langsam und schmerzhaft. Sie musste ihre Identität bei mehreren Banken bestätigen, den Diebstahl bei der Polizei melden, Kreditbüros kontaktieren und Kunden erklären, warum sie Meetings verpasst und Dateien verloren hatte. Die emotionale Belastung war noch schwerer als der finanzielle Schaden. Sie fühlte sich verletzt, beschämt und tief verunsichert. „Ich hätte nie gedacht, dass mir so etwas passieren könnte“, sagte sie zu einer Freundin. „Ich dachte, ich wäre vorsichtig.“

Maria war nicht leichtsinnig – sie war uninformiert. Wie Millionen anderer Menschen hatte sie noch nie von Phishing-E-Mails gehört. Sie verwendete dasselbe Passwort für mehrere Plattformen. Sie nutzte keine Zwei-Faktor-Authentifizierung. Und sie hatte keine Ahnung, dass ihre Aktivitäten täglich online verfolgt wurden.

Erst nach diesem digitalen Desaster begann Maria zu lernen. Sie begann einen Passwort-Manager zu verwenden. Sie installierte ein VPN. Sie verschlüsselte ihre Geräte. Sie aktivierte die Zwei-Faktor-Authentifizierung für alles. Und langsam begann sie, ihr Leben wieder aufzubauen.

Ihre Geschichte ist nicht einzigartig. Sie ist eine Warnung – und ein Weckruf. Datenschutzverletzungen sehen nicht immer wie maskierte Hacker mit Kapuzenpullovern aus. Sie sehen aus wie normale Menschen, die auf den falschen Link klicken oder der falschen App vertrauen. Sie passieren in alltäglichen Momenten – wenn Sie abgelenkt, beschäftigt oder einfach nur in Eile sind.

Doch in Bewusstsein liegt Macht. Maria verwandelte ihren Fehler in Motivation. Heute zeigt sie anderen Freelancern, wie sie sich online schützen können. Sie spricht offen über ihre Erfahrungen, in der Hoffnung, dass andere nicht auf die harte Tour lernen müssen.

Die Lektion? Online-Privatsphäre ist wichtig. Nicht morgen. Nicht nächsten Monat. Jetzt.

Kapitel 2: Die digitale Spur, die Sie hinterlassen

Jedes Mal, wenn Sie online gehen – sei es zum Einkaufen, Scrollen, Nachrichtenlesen oder um das Wetter zu prüfen – hinterlassen Sie eine digitale Spur. Diese Spur ist eine Sammlung von Datenpunkten, die stillschweigend offenbaren, wer Sie sind, was Sie denken, wo Sie gewesen sind und was Sie wahrscheinlich als Nächstes tun werden. Die meisten Menschen erkennen nicht, wie detailliert diese Spur ist oder wie viele Unternehmen sie beobachten und aufzeichnen. Ihre Klicks, Wischbewegungen, Suchbegriffe, Standorte, Einkäufe, angesehenen Videos, App-Nutzung und sogar die Geschwindigkeit, mit der Sie scrollen – all das trägt zu Ihrem digitalen Fußabdruck bei. Und das meiste davon geschieht im Hintergrund, ohne Ihr aktives Bewusstsein oder Ihre Zustimmung.

Das Konzept der Cookies ist eines der ersten „Brotkrumen" Ihrer Online-Spur. Ursprünglich entwickelt, um die Benutzererfahrung zu verbessern – zum Beispiel indem gespeichert wird, was sich in Ihrem Einkaufswagen befindet oder Sie eingeloggt bleiben – haben sich Cookies weiterentwickelt. Heute sind Drittanbieter-Cookies eines der wichtigsten Werkzeuge, mit denen Werbetreibende Ihnen über verschiedene Webseiten hinweg folgen und Daten sammeln, um Verhaltensprofile zu erstellen. Diese Profile werden dann für hochgradig zielgerichtete Werbung verwendet. Haben Sie jemals etwas bei Google gesucht und danach Werbung dafür auf Facebook oder Instagram gesehen? Genau das ist Ihre digitale Spur in Aktion.

Doch Cookies sind nur der Anfang. Webseiten und mobile Apps verwenden Tracker, Beacons, Pixel und Geräte-Fingerprinting, um Ihr Verhalten zu überwachen – selbst wenn Sie nicht eingeloggt sind. Zum Beispiel kann Ihr Smartphone Standortdaten an Dutzende Unternehmen senden, über Apps, die eigentlich gar keine GPS-Berechtigungen benötigen. Sie verfolgen Sie über Bluetooth-Signale, WLAN-Netzwerke und die Triangulation Ihrer IP-Adresse. Ihre Wetter-App, Taschenlampen-App oder ein mobiles Spiel wirken harmlos, doch viele sammeln im Hintergrund stillschweigend Ihre Standortdaten, Kontakte und Ihr Surfverhalten.

Metadaten – also Informationen über Ihre Aktivitäten – sind ein weiterer oft übersehener Bestandteil. Es geht dabei nicht darum, was Sie in einer Nachricht gesagt haben, sondern wem Sie sie geschickt haben, wann, wie lange und von welchem Gerät aus. Metadaten sind unglaublich aufschlussreich. Sie können Ihre Beziehungen, Routinen, Stimmungen und Gewohnheiten abbilden. Sowohl Regierungen als auch private Unternehmen analysieren solche Daten, um Verhalten vorherzusagen oder bestimmte Muster zu erkennen.

Auch Ihr Suchmaschinenverlauf trägt zu Ihrer digitalen Spur bei. Allein Google speichert Protokolle darüber, wonach Sie suchen, wann Sie suchen, welche Ergebnisse Sie anklicken, wie lange Sie auf einer Seite bleiben und welches Gerät Sie verwenden. Diese Daten zeichnen ein Bild Ihrer Interessen, Ängste, Ziele und sogar Ihrer gesundheitlichen oder finanziellen Situation. Und sofern Sie Ihre Einstellungen nicht geändert haben, werden viele dieser Informationen unbegrenzt gespeichert.

Soziale Medien fügen eine weitere mächtige Ebene hinzu. Was Sie posten, liken, kommentieren oder sogar nur mit der Maus überfliegen, wird aufgezeichnet. Algorithmen analysieren Ihr Verhalten, um Ihren Feed zu priorisieren – aber auch, um Ihr psychologisches Profil zu verfeinern. Plattformen kennen Ihre politischen Ansichten, religiösen Überzeugungen, Ihren Beziehungsstatus, Ihre Einkommensklasse und vieles mehr – manchmal sogar genauer als Ihre engsten Freunde. Und selbst wenn Sie keine sozialen Medien nutzen, können andere Sie auf Fotos markieren oder über Sie posten und so ein sogenanntes

„Schattenprofil" erstellen, das auf Daten basiert, die andere über Sie geliefert haben.

Die Geräte, die Sie verwenden, die Browser, die Sie bevorzugen, und die WLAN-Netzwerke, mit denen Sie sich verbinden, hinterlassen ebenfalls identifizierbare Spuren. Das nennt man Geräte-Fingerprinting. Dabei werden Informationen wie Bildschirmauflösung, Browserversion, installierte Schriftarten, Zeitzone und Plugins gesammelt. Diese Kombination ist oft einzigartig und macht es möglich, Sie zu verfolgen, selbst wenn Sie Ihre Cookies löschen oder den Inkognito-Modus verwenden.

Die Risiken einer großen, unkontrollierten digitalen Spur sind ernst. Zum einen werden Sie zu einem leichteren Ziel für Identitätsdiebstahl, Betrug und Phishing. Kriminelle benötigen nicht einmal Ihre Sozialversicherungsnummer, um sich als Sie auszugeben – öffentlich verfügbare Informationen reichen oft aus, um Passwörter zu erraten, Sicherheitsfragen zu beantworten oder personalisierte Betrugs-E-Mails zu versenden, die Sie dazu bringen, sensible Daten preiszugeben. Ihre Datenspur kann außerdem von Datenhändlern verkauft und weiterverkauft werden, die Informationen aus verschiedenen Quellen sammeln, in Profile verpacken und an

Werbetreibende, Versicherungen, Kreditauskunfteien und viele andere verkaufen.

Und vergessen wir nicht die psychologischen Auswirkungen. Wenn Menschen merken, dass sie beobachtet werden, beginnen sie oft, sich selbst zu zensieren. Das nennt man den „Chilling-Effekt", bei dem Personen aufhören, nach bestimmten Themen zu suchen, Meinungen zu äußern oder Ideen zu erkunden, weil sie Angst haben, beurteilt oder überwacht zu werden. Dieser Verlust an Freiheit ist subtil, aber schädlich – er zerstört Kreativität, Neugier und Authentizität.

Zum Glück gibt es Maßnahmen, mit denen Sie Ihre digitale Spur reduzieren können. Beginnen Sie mit privaten oder Inkognito-Browsing-Modi, wobei Sie wissen sollten, dass diese nur begrenzten Schutz bieten – sie verbergen weder Ihre IP-Adresse noch verhindern sie das Tracking durch Webseiten. Wechseln Sie zu datenschutzorientierten Browsern wie Brave oder Firefox und verwenden Sie Suchmaschinen wie DuckDuckGo, die Ihre Suchanfragen nicht verfolgen. Installieren Sie Tracker-Blocker-Erweiterungen wie uBlock Origin, Privacy Badger oder Ghostery. Nutzen Sie ein VPN, um Ihre IP-Adresse zu verbergen und Ihren Internetverkehr zu verschlüsseln, insbesondere bei der Nutzung öffentlicher WLAN-Netzwerke.

Überprüfen Sie die Berechtigungen all Ihrer Apps. Fragen Sie sich: Braucht diese Taschenrechner-App wirklich Zugriff auf meine Kamera? Entziehen Sie Berechtigungen, die nicht notwendig sind. Löschen Sie alte Apps, die Sie nicht mehr verwenden, und seien Sie vorsichtig bei kostenlosen Apps, die Ihre Daten monetarisieren. Deaktivieren Sie auf Ihrem Smartphone Standortdienste für alle Apps außer denen, die sie wirklich benötigen – wie Karten- oder Fahrdienst-Apps.

Übernehmen Sie schließlich die Kontrolle über Ihre Online-Konten. Löschen Sie regelmäßig Ihren Browserverlauf und Cookies. Melden Sie sich von Konten ab, wenn Sie sie nicht verwenden. Passen Sie Ihre Datenschutzeinstellungen auf sozialen Plattformen an, um zu begrenzen, wer Ihre Beiträge und Daten sehen kann. Und melden Sie sich bei Diensten zur Überwachung von Datenschutzverletzungen wie HaveIBeenPwned.com an, um zu prüfen, ob Ihre E-Mail-Adresse oder Passwörter kompromittiert wurden.

Ihre digitale Spur ist mächtig – aber sie kann kontrolliert werden. Wie Fußspuren im Sand muss sie nicht für immer bestehen bleiben. Mit den richtigen Werkzeugen und Gewohnheiten können Sie Ihre Sichtbarkeit reduzieren, Ihre

Identität schützen und die Kontrolle über Ihre Online-Präsenz zurückgewinnen.

Wer ist Jordan?

Jordan war jemand, der Technologie liebte. Er hatte jedes Jahr das neueste Smartphone, verband jedes Smart-Home-Gerät miteinander und verließ kaum ein Geschäft, ohne einen QR-Code zu scannen oder eine Bonus-App herunterzuladen. Sein Leben war nahtlos – vernetzt, bequem und schnell. Doch er machte sich nie Gedanken darüber, was im Hintergrund geschah. Bis ein Vorstellungsgespräch alles veränderte.

Er hatte sich für eine Stelle im digitalen Marketing bei einem mittelgroßen Softwareunternehmen beworben. Sein Lebenslauf war stark, seine Erfahrung überzeugend. Die Recruiterin mochte ihn sofort. „Sie passen perfekt zu uns", sagte sie am Telefon. „Wir müssen nur noch eine letzte Überprüfung durch unser Risiko- und Compliance-Team durchführen."

Eine Woche verging. Dann noch eine. Jordan fragte zweimal nach. Schließlich erhielt er eine E-Mail: „Wir haben uns entschieden, mit anderen Kandidaten fortzufahren. Vielen Dank für Ihr Interesse." Keine Erklärung. Kein Feedback.

Verwirrt schrieb Jordan der Recruiterin auf LinkedIn. Sie zögerte, antwortete dann aber schließlich: „Offiziell darf ich nichts sagen ... aber offenbar hat etwas in Ihren Online-Daten Sie als Hochrisikoperson eingestuft. Unsere KI-Systeme nutzen öffentliche Daten, soziale Medien und Webaktivitäten, um Risikoprofile zu erstellen. Es tut mir leid."

Ihm wurde schlecht. Welche „Online-Daten"? Er war kein Krimineller. Er veröffentlichte keine beleidigenden Inhalte. Er war einfach nur ... online.

Jordan begann zu recherchieren. Er googelte sich selbst. Sein LinkedIn- und Instagram-Profil waren in Ordnung – hauptsächlich Reisefotos und berufliche Inhalte. Doch dann fand er eine Personensuchseite, auf der sein vollständiger Name, sein Alter, frühere Adressen und sogar alte Telefonnummern aufgelistet waren. Als er weiterklickte, entdeckte er Verwandte, politische Spenden, Verkehrsdelikte und sogar alte Blogeinträge aus seiner Studienzeit, die er längst vergessen hatte. Es fühlte sich wie eine digitale Akte an – eine Datei, der er nie zugestimmt hatte und von der er nie wusste, dass sie existierte.

Dann kamen die Werbeanzeigen. Er bemerkte, dass er ständig gezielt angesprochen wurde. Er suchte einmal nach Krankenversicherung und wurde wochenlang mit

Spam-Anrufen bombardiert. Er likte einen Artikel über Kryptowährungen auf Facebook und bekam plötzlich Inhalte aus fragwürdigen Finanzgruppen angezeigt. Selbst seine YouTube-Empfehlungen wurden seltsam – er konnte sich nicht einmal erinnern, die Hälfte der Videos gesehen zu haben, die ihm nun vorgeschlagen wurden.

Je mehr er recherchierte, desto klarer wurde ihm: Er wurde ständig beobachtet.

Er installierte eine Browser-Erweiterung namens Ghostery. Innerhalb von Sekunden zeigte sie ihm, dass eine einzige Webseite über 40 Tracker verwendete – einige davon hatte er noch nie zuvor gesehen. Er versuchte es mit dem Inkognito-Modus. Das half ein wenig. Dann lud er Brave herunter, einen Browser, der Werbung und Tracker standardmäßig blockiert. Es fühlte sich anders an – ruhiger. Weniger aufdringlich.

Er überprüfte die Einstellungen seiner Apps. Seine Taschenlampen-App hatte Zugriff auf sein Mikrofon. Seine Wetter-App sammelte rund um die Uhr Standortdaten. Seine Notiz-App durfte auf seine Kontakte zugreifen. Er begann, Berechtigungen zu entziehen, Apps zu deinstallieren und Standortdienste für alles außer den wichtigsten Anwendungen zu deaktivieren. Sein Smartphone fühlte sich plötzlich viel privater an.

Noch immer erschüttert, recherchierte er weiter. Er lernte, wie Unternehmen „Geräte-Fingerprinting“ nutzen, um Nutzer selbst ohne Cookies zu verfolgen. Wie Metadaten aus E-Mails und Nachrichten verwendet werden können, um Beziehungen zu analysieren. Wie Datenhändler Informationen aus öffentlichen Quellen, Einkäufen und sogar Smart-Home-Geräten sammeln, um Profile wie seines zu erstellen und an Werbetreibende, Versicherungen und Arbeitgeber zu verkaufen.

Jordan hatte immer geglaubt: „Wenn ich nichts zu verbergen habe, habe ich nichts zu befürchten.“ Doch nun verstand er, dass das nicht der Punkt war. Der Punkt war Kontrolle – oder vielmehr der Mangel daran. Sein gesamtes digitales Leben war überwacht, aufgezeichnet und weiterverkauft worden – ohne seine Zustimmung und mit echten Konsequenzen im realen Leben.

Er fühlte sich verletzt.

Doch Jordan war niemand, der machtlos bleiben wollte. Er machte daraus eine Mission. Er meldete sich für Datenschutzwarnungen an, um seine Daten zu überwachen. Er nutzte ein VPN. Er begann, einen verschlüsselten E-Mail-Dienst zu verwenden. Er löschte alte Social-Media-Konten, die er nicht mehr nutzte. Er schrieb sogar an Datenhändler-Webseiten und forderte die Löschung seiner Profile.

Er begann auch, Freunde und Kollegen zu beraten. „Nur weil etwas kostenlos ist, bedeutet das nicht, dass es sicher ist“, sagte er oft. „Deine Daten sind das Produkt.“ Einige hörten skeptisch zu, andere mit echter Sorge. Doch sie konnten die Ergebnisse nicht leugnen, als Jordan ihnen Screenshots zeigte, wie viele Tracker er an einem einzigen Tag blockiert hatte.

Ein Freund fragte: „Und jetzt? Willst du völlig vom Netz verschwinden?“ Jordan lächelte. „Nein. Ich lasse nur nicht mehr die Tür weit offen.“

Einige Monate später bewarb er sich erneut – diesmal bei einem Startup, das Datenschutz und Ethik schätzte. Während des Vorstellungsgesprächs erzählte er, was er gelernt hatte, wie er sich schützt und wie das seine Sicht auf Marketing und digitales Verhalten verändert hatte. Die Interviewerin war beeindruckt. „Wir brauchen mehr Menschen, die die Risiken hinter den Daten wirklich verstehen“, sagte sie.

Jordan bekam den Job.

Seine Geschichte erinnert uns daran, dass unsere digitalen Fußabdrücke mächtiger sind, als wir denken. Sie können Chancen beeinflussen, Meinungen formen und uns Manipulation oder Urteilen aussetzen. Doch sie sind nicht dauerhaft. Mit Bewusstsein und Handlung kann jeder beginnen, seine Privatsphäre zurückzuerobern.

Denn am Ende geht es bei digitaler Freiheit nicht darum, zu verschwinden – sondern bewusst zu entscheiden, was man zurücklässt.

Kapitel 3: Passwortschutz leicht gemacht

Passwörter sind die Eingangstüren zu Ihrem digitalen Leben – und bei vielen Menschen stehen diese Türen weit offen. Trotz zahlloser Warnungen vor Cyberbedrohungen gehören die am häufigsten verwendeten Passwörter immer noch zu den schwächsten: „123456", „password" und „qwerty" zählen weiterhin zu den beliebtesten Optionen. Noch schlimmer ist, dass die meisten Menschen dasselbe Passwort für mehrere Webseiten verwenden, was es Hackern unglaublich leicht macht, nicht nur auf ein Konto, sondern gleich auf Dutzende zuzugreifen.

Das Verständnis von Passwortschutz ist eine der einfachsten und gleichzeitig wirkungsvollsten Möglichkeiten, Ihre Online-Privatsphäre zu schützen. Ein starkes Passwort hält nicht nur neugierige Werbetreibende oder Amateurhacker fern – es kann Identitätsdiebstahl, Finanzbetrug und schweren Rufschaden verhindern. Das Beste daran? Ein nahezu unangreifbares Passwortsystem zu erstellen, erfordert keine besonderen technischen Fähigkeiten oder komplizierte Software – nur die richtige Denkweise und einige grundlegende Gewohnheiten.

Beginnen wir mit den Grundlagen: Was macht ein Passwort stark?

Ein starkes Passwort ist lang, einzigartig und komplex. Idealerweise besteht es aus mindestens 12 bis 16 Zeichen und enthält eine Mischung aus Groß- und Kleinbuchstaben, Zahlen und Sonderzeichen. Doch Stärke allein reicht nicht aus. Die wahre Sicherheit liegt in der Einzigartigkeit. Wenn Sie dasselbe starke Passwort für mehrere Webseiten verwenden, kann bereits ein einziges Datenleck alles kompromittieren. Jedes Konto sollte ein eigenes, starkes Passwort besitzen – besonders bei wichtigen Konten wie E-Mail, Banking und Cloud-Speicher.

Leider ist es für die meisten Menschen unrealistisch, sich Dutzende oder sogar Hunderte komplexer Passwörter zu merken. Genau dafür gibt es Passwort-Manager. Werkzeuge wie Bitwarden, 1Password, Dashlane oder LastPass speichern und füllen Ihre Passwörter sicher automatisch aus. Sie verschlüsseln Ihren Tresor so, dass selbst das Unternehmen Ihre Daten nicht sehen kann. Mit einem Passwort-Manager müssen Sie sich nur noch ein einziges Master-Passwort merken. Der Manager erledigt den Rest – er generiert, speichert und füllt Ihre Zugangsdaten automatisch aus, wann immer Sie sie benötigen.

Viele Passwort-Manager erkennen außerdem schwache oder wiederverwendete Passwörter und fordern Sie auf, diese zu aktualisieren. Sie können auch Notizen, persönliche Dokumente und Zwei-Faktor-Authentifizierungs-Tokens speichern und werden damit zu einer zentralen Lösung für Ihre sichere digitale Anmeldung.

Apropos Zwei-Faktor-Authentifizierung – sie gehört zu den wichtigsten zusätzlichen Schutzebenen, die Sie für jedes Konto aktivieren können. Die Zwei-Faktor-Authentifizierung verlangt, dass Sie Ihre Identität auf zwei Arten bestätigen – typischerweise durch Ihr Passwort plus einen Code, der per SMS, App oder E-Mail gesendet wird. Diese zweite Sicherheitsebene reduziert die Wahrscheinlichkeit eines Hackerangriffs drastisch, selbst wenn jemand Ihr Passwort errät oder stiehlt.

Doch nicht alle 2FA-Methoden sind gleich sicher. SMS-Codes sind besser als gar kein Schutz, können jedoch durch SIM-Swapping-Angriffe abgefangen oder umgeleitet werden. Eine sicherere Option ist die Nutzung einer Authenticator-App wie Google Authenticator, Microsoft Authenticator oder Authy. Diese Apps generieren zeitabhängige Codes, die sich alle 30 Sekunden ändern, und funktionieren offline – wodurch sie gegen netzwerkbasierte Angriffe immun sind.

Einige Nutzer bevorzugen sogar physische Sicherheitsschlüssel wie YubiKey oder Titan, die direkt mit Ihrem Computer oder Smartphone verbunden werden, um Ihre Identität zu bestätigen. Diese Schlüssel gelten praktisch als nicht hackbar und sind ideal zum Schutz besonders sensibler Konten wie Online-Banking, Krypto-Wallets oder geschäftlicher E-Mail-Konten.

Ein weiteres oft unterschätztes Risiko ist die Passwort-Wiederherstellung. Viele Menschen wählen schwache oder leicht vorhersehbare Sicherheitsfragen, wie den Mädchennamen der Mutter oder den Namen des ersten Haustiers. Leider lassen sich solche Informationen häufig über soziale Medien oder öffentliche Datenbanken herausfinden. Wenn Ihr Wiederherstellungsprozess schwach ist, kann selbst das stärkste Passwort nutzlos werden. Wählen Sie daher ungewöhnliche oder bewusst falsche, aber einprägsame Antworten – und speichern Sie diese sicher ab.

Seien Sie auch vorsichtig bei Phishing-Angriffen. Hacker versuchen häufig, Nutzer dazu zu bringen, ihre Passwörter freiwillig preiszugeben, indem sie Login-Seiten von Banken, Streaming-Diensten oder großen Online-Händlern nachahmen. Diese gefälschten Seiten sehen oft fast identisch mit den echten aus. Ein einziger Fehler – die Eingabe Ihres

Passworts auf der falschen Webseite – kann einem Angreifer vollständigen Zugriff auf Ihr Konto verschaffen. Überprüfen Sie daher immer die Webseitenadresse, achten Sie auf HTTPS und klicken Sie niemals auf verdächtige Links in E-Mails.

Eine weitere schlechte Angewohnheit ist das Speichern von Passwörtern in Browsern wie Chrome oder Safari ohne zusätzliche Verschlüsselung. Das ist zwar bequem, aber nicht annähernd so sicher wie ein dedizierter Passwort-Manager. Falls Ihr Gerät kompromittiert wird, können auch diese gespeicherten Passwörter gefährdet sein. Wenn Sie diese Funktion dennoch nutzen, stellen Sie sicher, dass Ihr Gerät stark verschlüsselt ist und Ihre Browser-Synchronisierung durch Zwei-Faktor-Authentifizierung geschützt wird.

Für besonders vorsichtige Nutzer oder Personen mit sensiblen Daten gibt es noch weitere Schutzmaßnahmen. Nutzen Sie beispielsweise Wegwerf-E-Mail-Adressen oder Alias-Adressen bei Registrierungen, damit Ihre Haupt-E-Mail-Adresse im Falle eines Datenlecks geschützt bleibt. Überprüfen Sie regelmäßig Ihre Konten, löschen Sie alte oder ungenutzte Logins und aktualisieren Sie wichtige Passwörter alle sechs bis zwölf Monate.

Vergessen wir auch mobile Geräte nicht. Stellen Sie sicher, dass Ihr Smartphone oder Tablet mit einem Passcode gesichert ist – nicht nur mit Gesichtserkennung oder Fingerabdruck. Biometrische Methoden sind praktisch, aber nicht unfehlbar. In bestimmten rechtlichen Situationen oder bei Grenzkontrollen können Sie gezwungen werden, einen Fingerabdruck oder Gesichtsscan zu verwenden – jedoch nicht unbedingt einen Passcode preiszugeben. Nutzen Sie idealerweise beides zusammen.

Und schließlich: Teilen Sie Ihre Passwörter niemals per E-Mail oder SMS. Wenn Sie Zugangsdaten weitergeben müssen, verwenden Sie verschlüsselte Dienste wie ProtonMail oder Passwort-Freigabefunktionen innerhalb von Tools wie 1Password. Und schreiben Sie Passwörter niemals auf Papier – außer dieses wird an einem physisch sicheren Ort aufbewahrt.

Passwortschutz muss nicht kompliziert sein. Er erfordert lediglich einige kluge Entscheidungen und die Bereitschaft, alte Gewohnheiten zu ändern. Im nächsten Kapitel werden wir untersuchen, wie Sie Ihre physischen Geräte absichern können – denn selbst die beste digitale Hygiene kann nutzlos werden, wenn Ihr Smartphone oder Laptop in die falschen Hände gerät.

Nina die Freelancerin

Nina hielt sich immer für technisch versiert. Als freiberufliche Texterin arbeitete sie online, verwaltete Dutzende Kundenkonten und nutzte nahezu jedes verfügbare Produktivitätstool. Ihre digitale Welt war schnell, organisiert und automatisiert. Doch als ihr PayPal-Konto innerhalb von weniger als drei Minuten leergeräumt wurde, änderte sich alles.

Es geschah an einem ruhigen Donnerstagmorgen. Nina arbeitete in einem Café, trank Kaffee und beantwortete E-Mails, als die erste Benachrichtigung erschien: eine Zahlung über 497 Dollar an einen Namen, den sie nicht kannte. Dann noch eine. Und noch eine. Sie erstarrte. Ihr PayPal-Guthaben war auf null gefallen – und ihr verknüpftes Bankkonto befand sich nun im Minus. Ihr Herz raste. Sie versuchte sich einzuloggen, doch das Passwort funktionierte nicht mehr.

In Panik rief sie den PayPal-Support an. Nach gefühlten Stunden Wartemusik bestätigte der Mitarbeiter ihre schlimmsten Befürchtungen: Jemand hatte Zugriff auf ihr Konto erhalten, das Passwort geändert und mehrere Überweisungen durchgeführt. Das Seltsame daran? Es gab keinerlei Hinweise auf Phishing. Keine verdächtigen E-Mails. Keine gefälschten Login-Seiten. Nur einen direkten, sauberen Angriff.

Es dauerte nicht lange, bis sie die Schwachstelle erkannte. Nina hatte dasselbe Passwort für PayPal verwendet wie für mehrere andere Webseiten. Eine dieser Seiten hatte sechs Monate zuvor ein Datenleck erlitten – eine Seite, die sie seit Jahren nicht mehr genutzt hatte. Die geleakten Zugangsdaten, einschließlich ihrer E-Mail-Adresse und ihres Passworts, waren im Darknet veröffentlicht worden. Von dort war es nur eine Frage der Zeit, bis jemand diese Zugangsdaten bei PayPal ausprobierte – mit Erfolg.

Noch schlimmer: Sie hatte keine Zwei-Faktor-Authentifizierung aktiviert. Ihr gesamter finanzieller Zugang war durch ein einziges wiederverwendetes Passwort geschützt.

Nachdem die Bank den Betrug untersucht und die Abbuchungen rückgängig gemacht hatte, schwor Nina sich: Das würde nie wieder passieren.

Sie begann mit einer Passwort-Überprüfung. Sie erstellte eine Liste aller Webseiten, die sie regelmäßig nutzte – Banking, E-Mail, Online-Shops, soziale Medien, Streaming-Dienste und Kundenportale. Dann überprüfte sie jedes Konto auf wiederverwendete oder schwache Passwörter. Die Liste war länger, als sie erwartet hatte. Fast 70 Prozent ihrer Konten verwendeten Variationen derselben Phrase: ihren Spitznamen aus der Kindheit plus einige Zahlen. Manchmal fügte sie ein Ausrufezeichen hinzu oder änderte die letzte Zahl. Sie hielt das für clever. Das war es nicht.

Danach registrierte sie sich bei einem Passwort-Manager – Bitwarden. Der Einstieg war kostenlos, die Installation einfach, und sofort wurden stärkere Alternativen für ihre schwachen Zugangsdaten vorgeschlagen. Der Manager konnte 20-stellige Passwörter aus zufälligen Zeichen generieren – sicher, zufällig und praktisch unmöglich zu erraten. Mit einem Klick aktualisierte sie ihre Logins und speicherte sie in ihrem verschlüsselten Tresor. Sie musste sich nicht länger Dutzende Codes merken – nur noch ein Master-Passwort.

Doch dabei blieb es nicht.

Sie aktivierte Zwei-Faktor-Authentifizierung für jedes Konto, das diese Möglichkeit bot – insbesondere für ihr Banking, PayPal, Google-Konto und ihren Cloud-Speicher. Sie verwendete Google Authenticator, das Codes generierte, die sich alle 30 Sekunden änderten. Anfangs wirkte es einschüchternd, doch nach wenigen Tagen wurde es zur Gewohnheit. Das Gefühl der Sicherheit war es wert.

Außerdem richtete sie Erinnerungen ein, um ihr Master-Passwort alle sechs Monate zu ändern, und aktivierte die biometrische Sperre ihres Passwort-Managers auf dem Smartphone. Um noch weiterzugehen, kaufte sie einen YubiKey – ein kleines USB-Gerät, das ihre physische Berührung erforderte, um hochsichere Konten freizuschalten. „Selbst wenn jemand meinen Computer oder mein Smartphone stiehlt", dachte sie, „kommen sie trotzdem nicht hinein."

Nina änderte sogar die Art und Weise, wie sie Sicherheitsfragen beantwortete. Statt echter Antworten – wie dem Namen ihres ersten Haustiers – verwendete sie zufällige Phrasen, die nur sie kannte. Diese speicherte sie verschlüsselt in ihrem Passwort-Manager.

Einige Wochen später half sie einer anderen Freelancerin, deren Instagram-Konto gehackt worden war. „Verwendest du dasselbe Passwort für mehrere Dinge?", fragte Nina. Ihre Freundin nickte. „Du bist nicht allein", sagte sie. „Aber ich zeige dir jetzt etwas, das dein Leben retten könnte."

Es ging nicht mehr nur um Sicherheit – es ging um Bewusstsein. Passwortschutz war keine paranoide Technik-Spielerei. Er war das Fundament ihrer digitalen Unabhängigkeit. Nina erkannte, dass sie jedes Mal, wenn sie nachts ihre Haustür abschloss, ihr physisches Leben schützte.

Und jedes Mal, wenn sie ein Passwort aktualisierte, schützte sie ihr digitales Leben.

Einige Monate später hielt sie einen Vortrag vor einer lokalen Unternehmergruppe mit dem Titel „Digitale Schlüsseldienste für Unternehmer". Sie zeigte den Teilnehmern, wie sie ihre Konten absichern, Passwort-Manager nutzen und Datenlecks vermeiden können. „Das ist das einfachste Cybersecurity-Upgrade, das Sie jemals durchführen werden", sagte sie. „Und das wichtigste."

Rückblickend betrachtete sie den Angriff nicht als Niederlage – sondern als Wendepunkt. Es war der Weckruf, den sie nie wollte, aber dringend brauchte. Heute sind ihre Systeme wasserdicht und ihr Selbstvertrauen unerschütterlich. Und jedes Mal, wenn sie jemandem hilft, seine digitalen Türen zu verriegeln, wird ihr bewusst, dass das mächtigste Werkzeug im Internet keine App und keine Firewall ist – sondern gute Gewohnheiten.

Kapitel 4: Schutz Ihrer persönlichen Geräte

Ihre Geräte – Smartphones, Laptops, Tablets und sogar Smartwatches – sind Zugänge zu Ihrem digitalen Leben. Sie enthalten persönliche Fotos, Bankinformationen, Nachrichten, E-Mails, Social-Media-Logins und Zugang zu Arbeitsdateien. In vielerlei Hinsicht bedeutet der Verlust der Kontrolle über Ihr Gerät auch den Verlust der Kontrolle über Ihre Identität. Dennoch nutzen viele Menschen diese leistungsstarken Werkzeuge ohne wirklichen Schutz.

Die Absicherung Ihrer persönlichen Geräte ist einer der wichtigsten Schritte zum Schutz Ihrer Online-Privatsphäre. Dieses Kapitel konzentriert sich auf praktische Strategien, um Ihre physischen und digitalen Geräte besser gegen Diebstahl, Hacking, Spionage und Datenverlust zu schützen. Egal ob Sie iOS, Android, Windows oder macOS verwenden – die Grundprinzipien bleiben dieselben: mehrschichtige Sicherheit, verschlüsselte Daten und kontrollierter Zugriff.

Beginnen wir mit der physischen Sicherheit. Der grundlegendste und gleichzeitig oft übersehene Schritt ist die Aktivierung einer Bildschirmsperre mit einem Passcode. Egal ob PIN, Passwort, Fingerabdruck oder Gesichtserkennung –

stellen Sie sicher, dass Ihre Geräte nicht einfach von jedermann verwendet werden können. Vermeiden Sie kurze PINs wie „1234" oder „0000". Wenn Sie ein Muster verwenden, wählen Sie keine offensichtlichen Formen wie eine gerade Linie oder einen Buchstaben. Für optimale Sicherheit sollten Sie biometrische Methoden zusammen mit einem starken Backup-Passcode verwenden.

Aktivieren Sie immer automatische Sperrzeiten. Wenn Sie sich von Ihrem Smartphone oder Computer entfernen, sollte sich das Gerät nach 30 Sekunden bis 2 Minuten automatisch sperren. Dadurch schützen Sie Ihre Daten vor neugierigen Fremden oder opportunistischen Dieben an öffentlichen Orten. Verwenden Sie bei Laptops Bildschirmschoner, die ein Passwort zum Fortsetzen verlangen.

Als Nächstes sollten Sie die Geräteverschlüsselung berücksichtigen. Die meisten modernen Geräte verfügen inzwischen standardmäßig über aktivierte Verschlüsselung. Verschlüsselung schützt die Daten auf Ihrem Gerät, sodass selbst bei einem Diebstahl niemand ohne Ihr Passwort auf die Inhalte zugreifen kann. Bei iPhones wird die Verschlüsselung automatisch aktiviert, sobald Sie einen Passcode einrichten. Bei Android finden Sie diese Funktion meist unter „Sicherheit > Verschlüsselung & Anmeldedaten". Für Laptops sollten Sie

FileVault (macOS) oder BitLocker (Windows Pro) aktivieren, falls dies noch nicht geschehen ist.

Regelmäßige Software-Updates sind ebenfalls eine entscheidende Sicherheitsmaßnahme. Betriebssystem-Updates und App-Patches enthalten häufig Korrekturen für Sicherheitslücken, die von Hackern ausgenutzt werden könnten. Stellen Sie Ihre Geräte auf automatische Updates ein und überprüfen Sie mindestens einmal im Monat manuell, ob alles aktuell ist. Veraltete Software ist wie ein verrotteter Zaun – attraktiv für Eindringlinge und wirkungslos beim Schutz.

Nutzen Sie vertrauenswürdige Antivirus- und Anti-Malware-Programme, insbesondere auf Windows-Geräten. Obwohl macOS und iOS bereits integrierte Schutzfunktionen besitzen, sind zusätzliche Sicherheitsebenen dennoch sinnvoll. Malwarebytes, Bitdefender, Norton und Avast gehören zu den beliebten Optionen. Sie können Spyware, Trojaner und andere schädliche Programme erkennen, die sich möglicherweise auf Ihrem Gerät verstecken.

Vermeiden Sie das Herunterladen von Apps oder Software aus inoffiziellen Quellen. Nutzen Sie ausschließlich den App Store, Google Play oder verifizierte Entwickler-Webseiten. Sideloaded Apps oder raubkopierte Software enthalten häufig Spyware oder Hintertüren. Wenn Sie Ihr Smartphone rooten oder jailbreaken, sollten Sie wissen, dass dadurch wichtige Sicherheitsmechanismen umgangen und Ihre Risiken erheblich erhöht werden.

Seien Sie vorsichtig bei WLAN- und Bluetooth-Schwachstellen. Verbinden Sie sich niemals mit ungesichertem öffentlichem WLAN ohne ein VPN zu verwenden. Hacker können Ihre Daten mit Werkzeugen wie Packet-Sniffern leicht abfangen – insbesondere in Netzwerken ohne Passwortschutz. Deaktivieren Sie die automatische Verbindung zu offenen Netzwerken und schalten Sie WLAN und Bluetooth aus, wenn Sie sie nicht verwenden. Das schützt nicht nur Ihre Privatsphäre, sondern spart auch Akkuleistung.

Bluetooth-Angriffe wie Bluejacking oder Bluesnarfing ermöglichen es Angreifern in Ihrer Nähe, Nachrichten an Ihr Gerät zu senden oder ohne Erlaubnis auf Daten zuzugreifen. Diese Angriffe sind selten, aber weiterhin möglich. Wenn Sie Bluetooth nicht benötigen, schalten Sie es aus – besonders an öffentlichen Orten.

Die Browser-Sicherheit auf Ihren Geräten ist genauso wichtig wie auf Desktop-Computern. Installieren Sie datenschutzfreundliche Browser wie Brave oder Firefox und vermeiden Sie die Verwendung von Standardbrowsern wie Chrome ohne entsprechende Anpassungen. Löschen Sie regelmäßig Ihren Browserverlauf, blockieren Sie Drittanbieter-Cookies und verwenden Sie Erweiterungen wie HTTPS Everywhere, uBlock Origin und Privacy Badger, um Tracking und Datenlecks zu begrenzen.

Kontrollieren Sie die App-Berechtigungen Ihres Geräts konsequent. Auf den meisten Smartphones verlangen Apps Zugriff auf Kamera, Mikrofon, Standort, Kontakte und Speicher. Viele Nutzer tippen einfach auf „Zulassen", ohne zu verstehen, worauf sie Zugriff gewähren. Überprüfen Sie in den Einstellungen Ihres Telefons, welche Apps auf welche Funktionen zugreifen dürfen. Entziehen Sie unnötige Berechtigungen. Eine Foto-App benötigt kein Mikrofon. Ein Taschenrechner sollte keinen Zugriff auf Ihre Kontakte haben.

Smarte Lautsprecher, Smart-TVs und Sprachassistenten werden zunehmend zu Datenschutzrisiken. Geräte wie Amazon Alexa, Google Nest oder Apple Siri hören ständig auf ihr Aktivierungswort. Auch wenn die Unternehmen behaupten, erst nach Aktivierung aufzunehmen, haben Forscher gezeigt, dass versehentliche Aktivierungen durchaus vorkommen. Überprüfen Sie die Einstellungen Ihres Sprachassistenten, um gespeicherte Sprachdaten zu löschen oder zu kontrollieren. Schalten Sie das Mikrofon aus, wenn es nicht benötigt wird, oder platzieren Sie diese Geräte in weniger sensiblen Bereichen Ihres Hauses.

Nutzen Sie Funktionen zum Fernlöschen und zur Standortverfolgung. Wenn Ihr Smartphone oder Laptop verloren geht oder gestohlen wird, können Werkzeuge wie „Wo ist?" auf iPhone, „Find My Device" auf Android oder „Find My Mac" Ihnen helfen, das Gerät zu orten oder aus der Ferne zu löschen. Stellen Sie sicher, dass diese Funktionen aktiviert und mit Ihrem Konto verbunden sind. Ein verlorenes Gerät ist schlimm – der Verlust persönlicher Daten ist schlimmer.

Eine weitere oft unterschätzte Schutzebene sind Backup und Wiederherstellung. Datenschutz bedeutet nicht nur, Daten vor anderen zu schützen – sondern auch, sie nicht selbst zu verlieren. Verwenden Sie verschlüsselte Cloud-Backups oder physische verschlüsselte Festplatten, um Ihre wichtigsten Dateien zu sichern. Dienste wie iCloud, Google One, Sync.com oder Tresorit bieten je nach Verschlüsselungsgrad unterschiedliche Datenschutzoptionen. Achten Sie nur darauf, dass auch Ihre Backups durch starke Passwörter und Zwei-Faktor-Authentifizierung geschützt sind.

Berücksichtigen Sie schließlich auch die soziale Seite der Gerätesicherheit. Lassen Sie andere Ihre Geräte nicht unbeaufsichtigt nutzen. Selbst Freunde oder

Familienmitglieder könnten versehentlich auf Phishing-Links klicken oder schädliche Dateien herunterladen. Lassen Sie Ihre Geräte niemals unbeaufsichtigt an öffentlichen Orten – nicht einmal für einen kurzen Moment. Gewöhnen Sie sich daran, Ihr Smartphone oder Ihren Laptop wie Ihre Brieftasche zu behandeln: nah bei sich, geschützt und gesperrt, wenn sie nicht verwendet werden.

Ihre persönlichen Geräte sind die Frontlinie Ihrer digitalen Identität. Sie sind Ihre Werkzeuge, Ihr Gedächtnis, Ihre Kommunikationsverbindung – und oft Ihre einzige Verbindung zur Online-Welt. Sie zu schützen ist nicht optional. Es ist essenziell.

Im nächsten Kapitel werden wir soziale Medien genauer betrachten – ein Bereich, in dem Privatsphäre oft verschwindet, ohne dass man es überhaupt merkt.

Lassen Sie uns nun über Darrens Geschichte sprechen.

Als Darrens Laptop aus seinem Rucksack in einem belebten Café in New York verschwand, sagte er sich zunächst, dass es nur ein Diebstahl sei. Ärgerlich? Ja. Unpraktisch? Sicher. Aber nicht verheerend. Schließlich hatte er eine Versicherung und ein Backup zu Hause. Zumindest dachte er das.

Erst drei Tage später erkannte er, was wirklich gestohlen worden war.

Der Dieb hatte nicht nur ein Gerät gestohlen – sondern den Zugang zu seinem gesamten Leben. Darren hatte keine Bildschirmsperre aktiviert. Seine E-Mails, Cloud-Speicher und Social-Media-Konten waren alle eingeloggt. Er hatte sich seit Monaten nicht mehr ausgeloggt. Wer auch immer den Laptop besaß, hatte Zugriff auf seine Kontoauszüge, Verträge, Kundennotizen und sogar private Fotos.

Zunächst geschah nichts. Doch am fünften Tag erhielt er eine E-Mail von seinem Geschäftskonto: „Passwort erfolgreich geändert." Wenige Minuten später erhielten seine Kunden seltsame Rechnungen. Dann begann sein Instagram-Konto Spam-Anzeigen über Kryptowährungen zu posten. Er konnte sich nicht einloggen, um es zu stoppen. Seine E-Mail, PayPal und sogar Dropbox waren gekapert worden.

Am meisten schmerzte ihn nicht die Peinlichkeit – sondern der Vertrauensverlust. Einer seiner langjährigen Kunden schrieb: „Ist das ein Witz oder wurdest du tatsächlich gehackt?" Darren fühlte sich bloßgestellt und unprofessionell. Ihm war nie in den Sinn gekommen, dass der Diebstahl eines Geräts zu einer digitalen Katastrophe werden könnte.

Die folgenden Wochen waren chaotisch. Er erstattete Anzeige bei der Polizei, sperrte seine Bankkonten und kontaktierte den technischen Support jeder Plattform, an die er sich erinnern konnte. Er musste mehrere Identitätsprüfungen durchlaufen – manche einfach, andere äußerst belastend. Viele Konten konnte er nie zurückerlangen. Einige jedoch schon, dank eines einzigen rettenden Faktors: Er hatte Monate zuvor Zwei-Faktor-Authentifizierung für sein primäres Gmail-Konto aktiviert.

Diese 2FA-Barriere verhinderte, dass der Angreifer auf alles zugreifen konnte. Doch der Schaden war bereits angerichtet.

Als sich die Situation beruhigt hatte, traf Darren eine neue Entscheidung – er würde Gerätesicherheit nie wieder als Nebensache betrachten.

Er begann mit einem neuen MacBook und einem Neuanfang. Zuerst aktivierte er FileVault, Apples integrierte Festplattenverschlüsselung. Nun wären die Daten selbst bei einem erneuten Diebstahl ohne sein Passwort unlesbar. Er richtete ein 12-stelliges alphanumerisches Passwort ein und verließ sich nicht nur auf den Fingerabdrucksensor. Außerdem stellte er ein, dass sich der Laptop nach 60 Sekunden Inaktivität automatisch sperrt und dass der Bildschirmschoner ein Passwort verlangt.

Danach aktivierte er Apples „Wo ist?“-Funktion. Wenn das Gerät erneut verschwinden würde, könnte er es orten oder aus der Ferne löschen. Er testete die Funktion sogar zur Sicherheit. Sie funktionierte.

Dann wandte er sich seinem Smartphone zu. Darren hatte sich zuvor nie Gedanken über App-Berechtigungen gemacht. Doch nun überprüfte er jede App einzeln und entzog Mikrofon-, Kamera- und Standortzugriffe für alles, was diese Funktionen nicht wirklich benötigte. Die Taschenlampen-App brauchte keinen GPS-Zugriff. Eine Foto-Filter-App benötigte keinen Zugriff auf seine Kontakte. Die meisten Apps brauchten überhaupt nichts. Er löschte an einem einzigen Abend mehr als 20 Apps.

Anschließend installierte er Antiviren-Software. Auf seinem Mac verwendete er Malwarebytes, auf seinem Smartphone Bitdefender. Die Programme liefen still im Hintergrund, gaben ihm jedoch ein beruhigendes Gefühl der Kontrolle. Außerdem installierte er ein VPN für die Arbeit in Cafés, Hotels oder Flughäfen. Nun war jede öffentliche WLAN-Sitzung verschlüsselt.

Er wechselte von Chrome zu Brave und Firefox und begann, Datenschutz-Erweiterungen zu nutzen. Verfolgungsanzeigen verschwanden aus seinem Online-Alltag. Das Internet fühlte sich leichter und weniger aufdringlich an.

Was Smart-Geräte betrifft, liebte Darren immer den Komfort. Doch er hatte nie die Einstellungen seiner Alexa überprüft. Dort waren Aufzeichnungen seiner Stimme gespeichert – ganze Gespräche, sogar Witze, die er Freunden erzählt hatte. Das fühlte sich beunruhigend an. Er löschte alles und schaltete das Mikrofon aus. „Ich kann es einschalten, wenn ich es brauche", dachte er. „Aber ich brauche kein Gerät, das ständig zuhört."

Schließlich machte Darren Gerätesicherheit zu einer Routine: Einmal im Monat überprüfte er Updates, App-Berechtigungen und führte einen schnellen Datenschutz-Check durch. Außerdem richtete er automatische Cloud-Backups für wichtige Dateien mit einem verschlüsselten Backup-Dienst ein. „Daten zu verlieren ist schlimm", sagte er zu einem Freund, „aber die Kontrolle darüber zu verlieren? Das ist schlimmer."

Einige Wochen später hatte eine andere Freelancerin aus seinem Umfeld einen ähnlichen Vorfall – ihr Smartphone wurde in einem Lyft gestohlen, und sie hatte keinen Passcode eingerichtet. Darren half ihr bei der Wiederherstellung. „Du würdest staunen, wie viel auf dem Spiel steht, wenn dein

Bildschirm nicht gesperrt ist“, sagte er. „Es ist, als würdest du dein Haus mit weit geöffneter Tür verlassen.“

Rückblickend erkannte er, dass seine frühere Einstellung – Komfort vor Vorsicht – ihn beinahe sein Geschäft gekostet hätte. Heute hatte sich seine Denkweise verändert. Geräteschutz bedeutete nicht Paranoia. Es bedeutete Vorbereitung.

Sein neues Motto lautete: „Es ist nicht nur ein Laptop. Es ist mein Leben in Aluminium.“

Kapitel 5: Wie Sie in sozialen Medien privat bleiben

Soziale Medien gehören zu den größten Bedrohungen für Ihre Online-Privatsphäre – und ironischerweise teilen Menschen dort am meisten von sich selbst. Plattformen wie Facebook, Instagram, TikTok, X (früher Twitter), LinkedIn und Snapchat wurden so entwickelt, dass sie Interaktionen fördern, indem sie jeden Klick, jedes Scrollen und jeden Kommentar verfolgen. Was Sie posten, was Sie liken, wem Sie folgen, wie lange Sie bei einem Video verweilen und sogar, was Sie tippen und wieder löschen – all das trägt zu Ihrer digitalen Identität bei.

Der Austausch zwischen Verbindung und Privatsphäre ist subtil, aber bedeutend. Oberflächlich betrachtet teilen Sie Momente mit Freunden. Hinter den Kulissen liefern Sie Plattformen und Werbetreibenden jedoch eine detaillierte Verhaltenskarte Ihrer Gewohnheiten, Interessen, Routinen, Persönlichkeit, Beziehungen und sogar Ihrer psychischen Gesundheit.

Zu verstehen, wie man seine Privatsphäre in sozialen Medien schützt, bedeutet nicht, alles zu löschen. Es geht darum, Kontrolle zu übernehmen. Mit den richtigen Einstellungen,

Verhaltensweisen und Grenzen können Sie die Vorteile sozialer Medien genießen und gleichzeitig die Risiken minimieren.

Beginnen Sie mit der Sichtbarkeit Ihres Profils. Jede soziale Plattform bietet Datenschutzeinstellungen, mit denen Sie steuern können, wer Ihre Beiträge, Fotos, persönlichen Informationen und Freundeslisten sehen darf. Überprüfen Sie diese Einstellungen. Stellen Sie bei Facebook beispielsweise ein, dass nur Freunde Ihre Beiträge sehen können – nicht die Öffentlichkeit oder „Freunde von Freunden". Bei Instagram und TikTok sollten Sie ein privates Konto in Betracht ziehen, wenn Sie keine öffentliche Person oder ein Unternehmen sind. Auf LinkedIn können Sie die Sichtbarkeit Ihres Profils auf Ihre Kontakte beschränken oder individuell festlegen, was die Öffentlichkeit sehen darf.

Vermeiden Sie es, persönliche Informationen in Ihrer Biografie oder in öffentlichen Beiträgen zu teilen. Angaben wie vollständiges Geburtsdatum, Telefonnummer, Wohnadresse, Schulname oder Arbeitsplatz erleichtern es Identitätsdieben, Informationen über Ihr Leben zusammenzusetzen. Selbst scheinbar harmlose Details wie der Name Ihres Haustiers oder Ihre Lieblingsband können verwendet werden, um Antworten auf Passwort-Wiederherstellungsfragen zu erraten.

Überprüfen Sie außerdem Ihre Standortfreigabe. Viele Apps versehen Beiträge automatisch mit Ihrem Standort. Wenn Sie regelmäßig in Echtzeit von Ihrem Zuhause, Fitnessstudio oder der Schule Ihres Kindes posten, geben Sie Fremden im Grunde eine Karte Ihres täglichen Lebens. Deaktivieren Sie Geotagging in Ihren Kamera- und Social-Media-Apps, sofern Sie keinen konkreten Grund haben, es zu nutzen. Wenn Sie Reisebilder teilen möchten, posten Sie diese erst nach Ihrer Rückkehr. Standortdaten in Echtzeit gehören zu den größten Sicherheitsrisiken für Einzelpersonen und Familien.

Seien Sie vorsichtig mit Markierungen und Gesichtserkennung. Plattformen wie Facebook und Instagram können Gesichter erkennen und Sie automatisch auf Fotos markieren – selbst wenn Sie diese nicht hochgeladen haben. Dadurch entsteht eine inoffizielle Bilddatenbank Ihres Gesichts im gesamten Internet. Gehen Sie in Ihre Einstellungen und deaktivieren Sie automatische Markierungen oder Gesichtserkennungsfunktionen. Überprüfen und genehmigen Sie außerdem Markierungen, bevor sie öffentlich auf Ihrem Profil erscheinen. Das schützt nicht nur Ihre Privatsphäre, sondern auch Ihren Ruf.

Werfen Sie danach einen Blick auf Drittanbieter-Apps. Wahrscheinlich haben Sie Ihr Social-Media-Konto schon einmal genutzt, um sich bei Apps oder Webseiten anzumelden. Das ist zwar bequem, gewährt diesen Diensten aber oft umfassenden Zugriff auf Ihre Profildaten – und manchmal sogar auf die Daten Ihrer Freunde. Entfernen Sie in den Einstellungen den Zugriff für Apps, die Sie nicht mehr nutzen. Sicherer ist es, sich mit einer E-Mail-Adresse anzumelden oder separate Konten für verschiedene Dienste zu erstellen.

Überprüfen Sie Ihre alten Beiträge. Scrollen Sie durch Ihre früheren Posts und überlegen Sie, was jemand daraus über Sie lernen könnte. Sprechen Sie über Ihre Routinen, Familie, politische Ansichten oder Finanzen? Könnte ein Fremder diese Informationen nutzen, um sich als Sie auszugeben? Viele Plattformen ermöglichen das Massenlöschen oder Archivieren alter Inhalte. Nutzen Sie diese Funktionen zu Ihrem Vorteil. Sie können sogar eine Kopie Ihrer Daten herunterladen, um zu sehen, was die Plattform über Sie gespeichert hat – meistens ist es mehr, als Sie erwarten würden.

Lassen Sie uns nun über Direktnachrichten sprechen. Viele Menschen gehen davon aus, dass DMs privat sind, doch die meisten Plattformen haben Zugriff auf Metadaten – und manchmal sogar auf den Inhalt der Nachrichten selbst. Messaging-Apps von Meta wie Facebook Messenger, Instagram DMs und WhatsApp können Nachrichten zu

„Sicherheitszwecken“ analysieren oder Metadaten zur Werbeanpassung verwenden. Für wirklich private Kommunikation sollten Sie auf Ende-zu-Ende-verschlüsselte Plattformen wie Signal, Telegram (nur geheime Chats) oder ProtonMail für E-Mails umsteigen.

Klicken Sie niemals auf Links oder Anhänge unbekannter Herkunft, selbst wenn sie scheinbar von einem Freund stammen. Soziale Medien sind ein Hotspot für Phishing-Betrug, bei dem Angreifer fremde Konten übernehmen und schädliche Links als lustige Videos, Gewinnspiele oder sensationelle Nachrichten tarnen.

Beschränken Sie Foto- und Video-Uploads auf das Notwendige. Jedes Bild enthält Metadaten – sogenannte EXIF-Daten – wie Standort, Uhrzeit und Geräteinformationen. Einige Plattformen entfernen diese Daten beim Upload, andere jedoch nicht. Entfernen Sie diese Informationen vor dem Posten manuell oder nutzen Sie Apps, die Bilder bereinigen.

Achten Sie genau auf Werbeeinstellungen und Tracking. Die meisten sozialen Plattformen erlauben es Ihnen zu sehen, wie sie Sie für Werbetreibende kategorisieren. In den Werbeeinstellungen können Sie interessenbasierte Werbung deaktivieren, Kategorien entfernen und verhindern, dass

Aktivitäten auf anderen Webseiten verwendet werden. Zwar stoppt dies nicht jede Form des Trackings, aber es reduziert die Personalisierung – und die Ausnutzung – Ihrer Daten erheblich.

Vergessen Sie nicht, dass auch Freunde Ihre Privatsphäre gefährden können. Wenn jemand Sie auf einem Foto markiert, Ihre persönliche Geschichte teilt oder etwas veröffentlicht, auf dem Sie im Hintergrund zu sehen sind, kann dieser Inhalt dauerhaft geteilt, heruntergeladen oder weiterverbreitet werden. Sprechen Sie mit Menschen in Ihrem Umfeld darüber, was Sie öffentlich geteilt haben möchten und was nicht.

Für Eltern ist besondere Vorsicht beim sogenannten „Sharenting" geboten – dem Teilen von Fotos und Geschichten über Kinder im Internet. Auch wenn es harmlos erscheinen mag, entsteht dadurch ein digitaler Fußabdruck für Ihre Kinder, bevor diese überhaupt selbst entscheiden können, wie sie online wahrgenommen werden möchten. Kriminelle haben bereits Kinderfotos für Betrug oder Missbrauch gesammelt. Fragen Sie sich immer: Würde ich wollen, dass dieses Bild für immer online bleibt, wenn ich das Kind wäre?

Verstehen Sie außerdem, dass das Löschen eines Kontos Ihre Daten nicht automatisch entfernt. Soziale Medien speichern Informationen oft monatelang oder sogar jahrelang. Laden Sie vor dem Löschen Ihre Daten herunter und prüfen Sie sorgfältig, was gespeichert wurde. Manche Plattformen erlauben es, Konten vorübergehend zu deaktivieren, während die Inhalte offline erhalten bleiben.

Soziale Medien müssen kein Datenschutz-Albtraum sein. Doch sie erfordern Disziplin, Bewusstsein und einen proaktiven Ansatz. Fragen Sie sich beim nächsten Beitrag: „Würde ich das auch teilen, wenn ich wüsste, wer zusieht?" Wenn die Antwort nein lautet, sollten Sie es sich noch einmal überlegen. Wenn die Antwort ja lautet – dann treffen Sie diese Entscheidung wenigstens bewusst.

Im nächsten Kapitel werden wir uns mit privatem Surfen und Suchmaschinen beschäftigen – Ihren Werkzeugen, um im Internet zu navigieren, ohne ständig beobachtet zu werden.

Lena und soziale Medien

Lena liebte soziale Medien. Als Lifestyle-Bloggerin und angehende Influencerin waren sie ihr Spielplatz, ihre Bühne und ihre Einnahmequelle. Sie postete täglich: Smoothie-Rezepte, Fitnessstudio-Selfies, Reisevideos und Outfit-Fotos. Ihre Follower liebten ihre Offenheit. „Danke, dass du immer so echt bist!", schrieben sie. „Du bist so sympathisch!" Sie streamte sogar Teile ihres Tages live und beantwortete Fragen, während sie einkaufen ging oder ihre Kinder von der Schule abholte.

Sie hielt sich nicht für unvorsichtig – nur für authentisch. Doch diese Authentizität hatte einen Preis, den sie nie kommen sah.

Es begann mit seltsamen Nachrichten. Zuerst einige Direktnachrichten von anonymen Konten, die nach den Namen ihrer Kinder fragten. Dann erschien ein Kommentar unter ihrem neuesten Beitrag: „Tolles Fitnessprogramm. Ich habe dich letzten Dienstag gesehen – derselbe rosa Hoodie, oder?“ Zunächst lachte sie darüber. Doch dann erhielt sie eine E-Mail von jemandem, der behauptete, ein Fan zu sein. Die Person erwähnte ihre Straße. Dann das Café, das sie jeden Montag besuchte.

In diesem Moment verschwand ihr Lächeln.

Sie begann sich beobachtet zu fühlen.

Es wurde schlimmer. Ein Mann tauchte in ihrem Fitnessstudio auf und fragte an der Rezeption nach Lena. Er kannte ihren Namen, wusste, wo sie trainierte und sogar den Namen ihres Trainers. Der Sicherheitsdienst eskortierte ihn hinaus, doch das Gefühl der Angst verschwand nicht mehr. In dieser Nacht scrollte sie durch ihr Profil. Standortmarkierungen, Check-ins, sichtbare Routinen, markierte Freunde, Geburtstagsfeiern – alles war öffentlich sichtbar.

Sie hatte unbeabsichtigt eine digitale Karte ihres Lebens für jedermann erstellt.

Am nächsten Morgen setzte sich Lena hin und tat etwas, das sie zuvor nie getan hatte – sie öffnete die Datenschutzeinstellungen jeder einzelnen Social-Media-Plattform. Sie war schockiert. Ihr Instagram-Konto war komplett öffentlich. Jeder konnte ihre Beiträge, Stories und markierten Inhalte sehen. Auf Facebook waren ihre Telefonnummer, ihr Geburtsdatum und sogar ihre Heimatstadt sichtbar. Auf TikTok waren ihre Likes und gespeicherten Videos öffentlich einsehbar. Außerdem hatte sie im Laufe der Jahre Dutzenden Drittanbieter-Apps Zugriff gewährt – viele davon konnte sie sich nicht einmal mehr erinnern zu nutzen.

Sie begann zu löschen.

Sie stellte ihr Instagram-Konto auf privat, entfernte persönliche Kontaktdaten und begann, Markierungen manuell zu genehmigen. Hunderte Follower, die sie nicht kannte, wurden entfernt. Sie deaktivierte Standortmarkierungen auf Fotos, löschte Check-ins und archivierte Beiträge, die zeigten, welche Schule ihre Kinder besuchten. Auf Facebook reduzierte sie ihr Profil auf das Nötigste – Vorname, Arbeit und Profilbild. Alles andere wurde verborgen.

Danach kümmerte sie sich um ihre Direktnachrichten. Sie akzeptierte keine Nachrichtenanfragen von Fremden mehr und wechselte für private Gespräche mit Freunden und Geschäftspartnern zu Signal. Sie veröffentlichte ein Video, in dem sie ihre neuen Grenzen erklärte. „Ich teile mein Leben gerne mit euch", sagte sie, „aber ich habe erkannt, dass ich es auch schützen muss."

Lena hörte nicht auf zu posten. Doch sie änderte die Art und Weise, wie sie Inhalte teilte. Sie begann, allgemeinere Bildunterschriften statt detaillierter Updates zu verwenden. Sie markierte keine Echtzeit-Standorte mehr und wartete mit Reisebildern, bis sie wieder zu Hause war. Exklusive Inhalte hinter den Kulissen verschob sie in eine private E-Mail-Liste für loyale Follower, damit sie kontrollieren konnte, wer Zugriff erhielt.

Sie sprach außerdem mit ihrem Mann und ihren Kindern über Grenzen. Keine gegenseitigen Posts ohne Zustimmung mehr. Keine Familienfotos mit Geotags. Keine Informationen über ihr Zuhause. Anfangs fühlte es sich einschränkend an – doch irgendwann fühlte es sich wie Freiheit an.

Einige Monate später erzählte sie ihre Geschichte bei einer lokalen Veranstaltung für Unternehmerinnen. „Früher dachte ich, Oversharing bedeute Verbindung“, sagte sie. „Heute weiß ich, dass echte Verbindung mit Sicherheit beginnt. Wenn Sie Ihren digitalen Raum nicht schützen, schützen Sie auch Ihr Leben nicht.“

Sie erhielt stehende Ovationen – und Dutzende Nachrichten von Menschen, die nie darüber nachgedacht hatten, was sie online preisgaben. Eine Frau schrieb: „Mir war nicht klar, wie viel ich von mir preisgegeben habe ... danke, dass du mir gezeigt hast, wie ich die Kontrolle zurückgewinnen kann.“

Lena baute ihre Marke weiter aus – aber mit einem neuen Bewusstsein. Soziale Medien waren weiterhin Teil ihres Geschäfts, doch sie waren nicht länger ihr Tagebuch. Sie entschied bewusst, was sie teilen wollte, wann sie es teilen wollte und wer es sehen durfte. Es ging nicht darum, geheimnisvoll zu sein – sondern bewusst zu handeln.

Heute postet Lena weiterhin regelmäßig. Ihre Community wächst weiter. Doch ihre Online-Präsenz ist heute bewusst gestaltet, sicher und von Selbstrespekt geprägt. Ihre Botschaft ist einfach: Sie müssen nicht verschwinden, um sicher zu sein. Sie müssen nur aufhören, Fremden eine Karte Ihres Lebens zu geben.

Jedes Mal, wenn Sie einen Browser öffnen und nach etwas suchen – sei es eine Gesundheitsfrage, ein Finanztool oder das beste Thai-Restaurant in Ihrer Nachbarschaft – hinterlassen Sie eine Spur. Diese Spur umfasst Ihre Suchbegriffe, den Browserverlauf, Ihren Standort, den Gerätetyp, die Zeit, die Sie auf Websites verbringen, und oft noch vieles mehr. Diese Daten werden gesammelt, analysiert und über unzählige Netzwerke hinweg weitergegeben. In den meisten Fällen geschieht dies zu Werbezwecken. In anderen Fällen kann es jedoch um Überwachung, Manipulation oder sogar kriminelle Ausnutzung gehen.

Viele Menschen glauben, dass die Nutzung des „Inkognito-Modus" oder „privaten Surfens" ihre Aktivitäten unsichtbar macht. Das ist ein Mythos. Privates Surfen verhindert lediglich, dass Ihr Browser den Verlauf und Cookies lokal auf Ihrem Gerät speichert. Es verbirgt Ihre Aktivitäten jedoch nicht vor Websites, Ihrem Internetanbieter, Ihrem Arbeitgeber – wenn Sie ein Arbeitsgerät verwenden – oder staatlichen Stellen. Für echte Privatsphäre müssen Sie tiefer gehen.

Kapitel 6: Privates Surfen und Suchmaschinen

Jedes Mal, wenn Sie einen Browser öffnen und nach etwas suchen – sei es eine Gesundheitsfrage, ein Finanztool oder das beste Thai-Restaurant in Ihrer Nachbarschaft – hinterlassen Sie eine Spur. Diese Spur umfasst Ihre Suchbegriffe, den Browserverlauf, Ihren Standort, den Gerätetyp, die Zeit, die Sie auf Webseiten verbringen, und oft noch vieles mehr. Diese Daten werden gesammelt, analysiert und über unzählige Netzwerke hinweg weitergegeben. In den meisten Fällen geschieht dies zu Werbezwecken. In anderen Fällen kann es jedoch um Überwachung, Manipulation oder sogar kriminelle Ausnutzung gehen.

Viele Menschen glauben, dass die Nutzung des „Inkognito-Modus" oder „privaten Surfens" ihre Aktivitäten unsichtbar macht. Das ist ein Mythos. Privates Surfen verhindert lediglich, dass Ihr Browser den Verlauf und Cookies lokal auf Ihrem Gerät speichert. Es verbirgt Ihre Aktivitäten jedoch nicht vor Webseiten, Ihrem Internetanbieter, Ihrem Arbeitgeber – wenn Sie ein Arbeitsgerät verwenden – oder staatlichen Stellen. Für echte Privatsphäre müssen Sie tiefer gehen.

Beginnen wir mit privaten Surfmodi, da viele Menschen sie verwenden, ohne wirklich zu verstehen, was sie tun. In Chrome, Firefox, Safari und Edge verhindert privates Surfen das Speichern von Cookies, zwischengespeicherten Daten und Suchverläufen auf dem Gerät. Das ist hilfreich, wenn Sie sich mit mehreren Konten anmelden oder einen gemeinsam genutzten Computer verwenden, verhindert aber weder Tracker noch Drittanbieter-Skripte oder Browser-Fingerprinting. Man kann es sich vorstellen, als würden Sie Ihre eigenen Fußspuren entfernen – nicht aber die Spuren in der Umgebung.

Wenn Sie Online-Tracking reduzieren möchten, sollten Sie einen datenschutzorientierten Browser verwenden. Brave, Firefox mit verstärkten Datenschutzeinstellungen und der Tor Browser gehören zu den besten Optionen.

Brave blockiert standardmäßig Drittanbieter-Werbung und Tracker, erzwingt sichere HTTPS-Verbindungen und bietet Schutz gegen Fingerprinting. Außerdem enthält der Browser einen privaten Modus mit Tor-Unterstützung.

Firefox kann mit Erweiterungen und strengeren Tracking-Schutz-Einstellungen angepasst werden. Er ist Open Source, wird aktiv gepflegt und teilt Ihre Daten nicht mit Werbetreibenden.

Der Tor Browser gilt als Goldstandard für Anonymität. Er leitet Ihren Datenverkehr über mehrere von Freiwilligen betriebene Server weiter und verschlüsselt ihn auf jeder Ebene. Allerdings ist er langsamer und manche Webseiten funktionieren aufgrund der aggressiven Datenschutzmaßnahmen nicht korrekt.

Für die meisten Nutzer bietet bereits der Wechsel von Chrome zu Brave oder Firefox einen erheblichen Datenschutzgewinn, ohne die Benutzerfreundlichkeit zu beeinträchtigen.

Kommen wir nun zu Suchmaschinen. Google dominiert den Suchmaschinenmarkt, ist jedoch berüchtigt für seine Datensammlung. Jede Suchanfrage wird gespeichert und mit Ihrer IP-Adresse, Ihrem Standort und Ihrem Nutzerprofil verknüpft – sofern Sie angemeldet sind. Diese Daten werden genutzt, um Werbung zu personalisieren, Verhaltensprofile zu erstellen und die Suchergebnisse zu beeinflussen, die Sie sehen.

Stattdessen sollten Sie datenschutzfreundliche Suchmaschinen verwenden:

DuckDuckGo verfolgt oder speichert Ihren Suchverlauf nicht. Werbung basiert lediglich auf Schlüsselwörtern – nicht auf Nutzerprofilen.

Startpage verwendet Suchergebnisse von Google, entfernt jedoch alle identifizierenden Informationen aus Ihrer Anfrage. Es fungiert als Datenschutzfilter.

Brave Search ist eine wachsende Suchmaschine mit eigenem Index und ohne Tracking.

Mojeek gehört zu den wenigen Suchmaschinen, die ihren eigenen Index erstellen und nicht auf Google oder Bing angewiesen sind. Sie ist vollständig unabhängig und privat.

Das Ändern Ihrer Standardsuchmaschine im Browser oder in den Geräteeinstellungen ist ein wichtiger Schritt. So beginnt jede Suche – ob mobil oder am Desktop – mit Datenschutz im Hinterkopf.

Sprechen wir auch über Browser-Erweiterungen. Diese kleinen Zusatzprogramme können Ihre Online-Privatsphäre erheblich verbessern. Zu den besten Empfehlungen gehören:

uBlock Origin – blockiert Werbung und Tracker effizient.

Privacy Badger – entwickelt von der EFF, lernt unsichtbare Tracker zu erkennen und zu blockieren.

HTTPS Everywhere – erzwingt verschlüsselte Verbindungen, wann immer möglich.

ClearURLs – entfernt automatisch Tracking-Codes aus URLs.

Decentraleyes – stellt lokale Versionen häufiger Webbibliotheken bereit, um Drittanbieter-Anfragen zu reduzieren.

Diese Werkzeuge arbeiten im Hintergrund, um das Web zu bereinigen und Sie vor Überwachung zu schützen. Seien Sie jedoch selektiv. Zu viele Erweiterungen können Ihren Browser verlangsamen oder sogar neue Risiken einführen. Installieren Sie nur Erweiterungen von vertrauenswürdigen Entwicklern.

Eine weitere Schutzebene bieten Virtual Private Networks (VPNs). Ein VPN leitet Ihren Internetverkehr durch einen verschlüsselten Tunnel, verbirgt Ihre IP-Adresse und schützt Ihre Aktivitäten vor Internetanbietern und Schnüfflern in öffentlichen WLAN-Netzwerken. Gute VPNs verhindern außerdem, dass Webseiten Ihren echten Standort erkennen, und erschweren die Erstellung von Profilen basierend auf Ihrem Surfverhalten.

Zu den vertrauenswürdigen VPN-Anbietern gehören ProtonVPN, Mullvad, IVPN und NordVPN. Vermeiden Sie kostenlose VPNs, sofern Sie nicht überprüft haben, dass diese keine Daten protokollieren. Denken Sie daran: Wenn Sie nicht für das Produkt bezahlen, könnten Sie selbst das Produkt sein.

Wenn Sie besonders vorsichtig sind, kombinieren Sie ein VPN mit privatem Surfen und einem datenschutzfreundlichen Browser. Zum Beispiel bietet Firefox mit strengen Datenschutzeinstellungen + Startpage + ein VPN einen starken Schutzschild für alltägliches Surfen.

Ein oft übersehener Trick ist die Browser-Isolation. Verwenden Sie unterschiedliche Browser für verschiedene Aufgaben. Zum Beispiel:

Firefox für soziale Medien

Brave für allgemeines Surfen

Tor für Recherchen oder sensible Themen

Ein separates Browserprofil für Arbeit und private Aktivitäten

Diese Trennung begrenzt, wie viel eine einzelne Plattform über Sie lernen kann. Cookies, Tracker und Verläufe bleiben voneinander isoliert.

Zuletzt sollten Sie die Risiken des Browser-Fingerprinting verstehen. Selbst wenn Sie Cookies blockieren und Ihre IP-Adresse verbergen, können Webseiten Sie anhand von Geräteinformationen wie Bildschirmauflösung, installierten Schriftarten, Zeitzone und Browserversion identifizieren. Je einzigartiger Ihre Konfiguration ist, desto leichter lässt sich Ihr Browser identifizieren.

Um dies zu bekämpfen, helfen Tools wie CanvasBlocker, Trace oder der Tor Browser dabei, Fingerprinting-Daten zu blockieren oder zufällig zu verändern. Brave bietet bereits integrierten Fingerprinting-Schutz.

Zusammenfassend hier Ihre Checkliste für datenschutzfreundliches Surfen:

Wechseln Sie zu einem datenschutzorientierten Browser wie Brave, Firefox oder Tor.

Nutzen Sie private Suchmaschinen wie DuckDuckGo oder Startpage.

Installieren Sie Tracker-Blocker wie uBlock Origin oder Privacy Badger.

Verwenden Sie auf allen Geräten ein VPN, besonders in öffentlichen WLAN-Netzen.

Deaktivieren Sie Standort- und Kamerazugriff für Ihren Browser.

Vermeiden Sie unnötige Anmeldungen bei Konten.

Nutzen Sie Browser-Isolation für getrennte Aktivitäten.

Achten Sie auf Fingerprinting und Metadaten-Lecks.

Privatsphäre im Internet bedeutet nicht, sich aus Angst zu verstecken – sondern bewusst zu entscheiden, wann und wie man gesehen werden möchte. Im nächsten Kapitel werden wir noch tiefer in private Kommunikation eintauchen: wie Sie Ihre Nachrichten, E-Mails und Anrufe vor neugierigen Blicken schützen.

Elis Chrome-Geschichte

Eli war ein ruhiger Mensch – ein Ingenieur, der remote arbeitete, bescheiden lebte und meist für sich blieb. Online jedoch war er neugierig. Er las über alles: obskure politische Bewegungen, Klimaforschung, alternative Medizin und Krypto-Technologie. Er liebte es, sich spät nachts in Internet-Recherche zu verlieren.

Eines Abends, nachdem er eine Dokumentation über Überwachungskapitalismus gesehen hatte, wurde Eli misstrauisch. Er suchte nach „wie Google Nutzer verfolgt", was ihn zu „Browser-Fingerprinting" und schließlich zu „privat surfen" führte. Die Ergebnisse waren beunruhigend. Sein Lieblingsbrowser – Chrome – protokollierte alles. Sein Suchverlauf enthielt Jahre voller Fragen, manche persönlich, manche seltsam, die meisten längst vergessen. Sein Google-Konto war mit Smartphone, Laptop und sogar Smart-TV synchronisiert. Jede seiner Online-Bewegungen war Teil eines wachsenden digitalen Profils.

Er hatte nie etwas Verbotenes getan, aber der Gedanke, dass jemand eine vollständige psychologische Karte seines Online-Verhaltens erstellen könnte, machte ihm Angst. Werbung hatte ihn seit Jahren verfolgt, doch jetzt verstand er endlich warum. Er war nicht nur ein Nutzer – er war ein Datenpunkt.

Der letzte Auslöser kam, als er nach medizinischen Symptomen suchte. Wochenlang sah er danach Werbung für Behandlungen und Kliniken, die er nicht einmal angeklickt hatte. Es fühlte sich an, als wären seine privaten Ängste an den Meistbietenden verkauft worden.

Noch in derselben Nacht änderte Eli etwas.

Er lud Brave herunter – einen Browser, von dem er gehört hatte, dass er Tracker standardmäßig blockiert. Sofort fühlte sich das Web-Erlebnis sauberer an. Weniger Werbung. Keine seltsamen Videos mit Autoplay. Webseiten luden schneller. Danach stellte er seine Standardsuchmaschine auf DuckDuckGo um. Keine Suchvorschläge mehr basierend auf seiner Historie. Keine Personalisierung. Nur reine Suchergebnisse.

Dann öffnete er die Chrome-Einstellungen und sah sich an, was gespeichert wurde. Browserverlauf von vor drei Jahren. Automatisch ausgefüllte Kreditkarten- und Adressdaten. Seine gesamte Download-Historie. Dutzende Cookies von Webseiten, die er seit Jahren nicht besucht hatte. Er löschte alles. Es fühlte sich an, als würde er den Boden eines Hauses reinigen, das sich unbemerkt über Jahre mit Unordnung gefüllt hatte.

Doch Eli hörte dort nicht auf.

Er installierte uBlock Origin, Privacy Badger und HTTPS Everywhere – Erweiterungen, die ihm ein Gefühl der Kontrolle gaben. Firefox richtete er als sekundären Browser ein und verwendete ihn ausschließlich für Dinge, die mit seiner Identität verbunden waren – Banking, Steuern und Arbeitslogins. Brave blieb für allgemeines Surfen und DuckDuckGo-Suchen reserviert. Für besonders sensible Recherchen testete er den Tor Browser. Er war langsam, aber effektiv.

Um seine Spuren noch besser zu verbergen, abonnierte Eli Mullvad VPN, das keine E-Mail-Adresse zur Anmeldung verlangte. Nun war seine IP-Adresse überall verborgen. Er stellte sogar ein, dass sich das VPN automatisch beim Start seines Geräts aktiviert, falls er es einmal vergessen sollte.

Er lernte über Browser-Fingerprinting – darüber, wie Webseiten Nutzer anhand technischer Details identifizieren können. Er testete sein System auf einer Webseite namens „Am I Unique?“. Das Ergebnis schockierte ihn: Sein Browser hatte einen einzigartigen Fingerabdruck. Es spielte keine Rolle, dass er Cookies blockierte. Er war immer noch identifizierbar. Daraufhin begann er mit CanvasBlocker und Trace zu experimentieren – Erweiterungen, die Fingerprinting-Daten verschleiern. Vorsichtig passte er die Einstellungen an, bis seine Lieblingsseiten funktionierten und gleichzeitig seine Identität verborgen blieb.

Anfangs erschien ihm das alles übertrieben. Doch dann bemerkte er etwas: Die unheimlich präzisen Werbeanzeigen verschwanden. YouTube fühlte sich nicht mehr an, als würde es seine Gedanken lesen. Suchergebnisse waren wieder neutral. Niemand schob ihn mehr in bestimmte Richtungen oder erstellte psychologische Profile über ihn. Er war unsichtbar geworden – nicht weil er sich versteckte, sondern weil er die Kontrolle zurückgewonnen hatte.

Eines Wochenendes besuchte ihn ein Freund und fragte, ob er seinen Laptop benutzen dürfe. Der Freund öffnete Google und begann zu tippen – doch es gab keine Vorschläge, keine automatisch ausgefüllten Logins und keine gespeicherten Webseiten. „Alter, dein Internet sieht aus wie eine Geisterstadt“, lachte er.

Eli lächelte. „Genau das ist die Idee.“

Monate später hielt Eli einen Vortrag in einer lokalen Bibliothek über digitale Privatsphäre. Der Raum war voller Menschen, die nie über ihren Browser nachgedacht hatten. Eli zeigte eine Live-Demonstration – zwei Browser nebeneinander, einer mit Standardeinstellungen, der andere maximal abgesichert. Der Unterschied bei Trackern, Pop-ups und Werbung war enorm.

„Sie müssen nicht komplett offline gehen“, sagte er. „Sie müssen nur aufhören, jedem Ihren Haustürschlüssel zu geben.“

Als jemand fragte, was am schwierigsten gewesen sei, dachte er kurz nach und antwortete: „Den Komfort loszulassen. Aber als ich das geschafft hatte, merkte ich, wie viel besser sich das Internet anfühlt, wenn es Sie nicht ständig beobachtet.“

Heute surft, sucht und recherchiert Eli immer noch – aber zu seinen eigenen Bedingungen. Er weiß, dass Privatsphäre nichts mit Paranoia zu tun hat. Es geht um innere Ruhe. Es geht um die Freiheit, Ideen zu erforschen, ohne selbst zum Produkt zu werden. Und für ihn ist das jeden zusätzlichen Klick wert.

Kapitel 7: Nachrichten, E-Mails und sichere Kommunikation

Private Kommunikation ist einer der wichtigsten – und gleichzeitig am häufigsten übersehenen – Aspekte der Online-Privatsphäre. Während die meisten Menschen davon ausgehen, dass ihre Textnachrichten, E-Mails und Anrufe sicher sind, sieht die Realität oft anders aus: Viele beliebte Plattformen wurden nicht mit Datenschutz im Fokus entwickelt. Wenn Sie herkömmliche Dienste wie Standard-SMS, Gmail oder Facebook Messenger verwenden, werden Ihre Unterhaltungen wahrscheinlich analysiert, gespeichert oder sogar verkauft.

Egal ob Sie über Finanzen, Gesundheitsfragen, Geschäftsstrategien oder einfach mit Ihren Liebsten sprechen – Sie haben ein Recht auf Vertraulichkeit. Der Schutz Ihrer Kommunikation erfordert nicht, dass Sie ein Cybersecurity-Experte werden. Sie müssen lediglich auf Plattformen umsteigen, die Verschlüsselung, Transparenz und Nutzerkontrolle priorisieren.

Beginnen wir mit Messaging-Apps. Traditionelle SMS gehören zu den unsichersten Kommunikationsformen. Textnachrichten sind nicht Ende-zu-Ende-verschlüsselt, was bedeutet, dass Ihr

Mobilfunkanbieter – und möglicherweise Hacker oder Behörden – auf die Inhalte zugreifen können. Selbst iMessage ist zwar zwischen Apple-Geräten verschlüsselt, weist jedoch Schwachstellen auf, wenn Backups unverschlüsselt in iCloud gespeichert werden.

Für wirklich sichere Kommunikation sollten Sie Ende-zu-Ende-verschlüsselte Messenger verwenden. Zu den besten Optionen gehören:

Signal – Open Source, kostenlos und weltweit vertrauenswürdig. Signal bietet vollständige Ende-zu-Ende-Verschlüsselung für Textnachrichten, Sprach- und Videoanrufe sowie Gruppenchats. Es speichert nur minimale Metadaten und protokolliert keine Nachrichteninhalte.

Telegram (nur geheime Chats) – Normale Telegram-Chats sind cloudbasiert und nicht Ende-zu-Ende-verschlüsselt. Der „Geheime Chat"-Modus hingegen ist verschlüsselt und bietet Funktionen wie selbstzerstörende Nachrichten.

WhatsApp – Nutzt standardmäßig Ende-zu-Ende-Verschlüsselung. Da WhatsApp jedoch zu Meta gehört, werden bestimmte Metadaten mit dem Mutterkonzern geteilt.

Threema – Eine kostenpflichtige App mit Fokus auf Datenschutz, anonyme Nutzung und Servern in der Schweiz.

Unter diesen Optionen gilt Signal weithin als Goldstandard, vor allem wegen seiner Transparenz und seines starken Datenschutzfokus. Signal ermöglicht außerdem selbstlöschende Nachrichten, biometrische Sperren und verschlüsselte Backups.

Kommen wir nun zur E-Mail-Privatsphäre. Standardanbieter wie Gmail, Yahoo und Outlook sind bequem – aber sie analysieren Ihre E-Mails auf Daten. Selbst wenn der Anbieter den Inhalt nicht direkt liest, werden Anhänge gescannt, Metadaten protokolliert oder Informationen für Werbealgorithmen indexiert.

Für sichere E-Mail-Kommunikation sollten Sie verschlüsselte E-Mail-Dienste nutzen, zum Beispiel:

ProtonMail – Mit Sitz in der Schweiz bietet ProtonMail Ende-zu-Ende-verschlüsselte E-Mails, keine IP-Protokollierung und anonyme Registrierung. Zusätzlich gibt es einen sicheren Kalender und Dateispeicher.

Tutanota – Bietet verschlüsselte E-Mails, Kontakte und Kalender mit strengen Datenschutzrichtlinien und ohne Werbung.

Mailfence – Eine sichere Kommunikationssuite mit Verschlüsselung, Kalenderfunktionen und digitalen Signaturen – ideal für Geschäftsnutzer.

Die meisten sicheren E-Mail-Dienste verwenden PGP-Verschlüsselung oder eigene Sicherheitsstandards, damit ausschließlich Sender und Empfänger eine Nachricht lesen können – nicht einmal der Anbieter selbst hat Zugriff auf den Inhalt.

Sie können Ihre E-Mail-Privatsphäre zusätzlich verbessern, indem Sie:

Alias-Adressen verwenden, um Ihre echte Adresse zu verbergen, etwa über SimpleLogin oder AnonAddy

Öffentliche WLAN-Netze ohne VPN vermeiden

Zwei-Faktor-Authentifizierung für Ihr Postfach aktivieren

Für sensible Informationen auf sichere Plattformen wie Signal ausweichen

Für Hochrisiko-Nutzer – Journalisten, Aktivisten oder Menschen mit vertraulichen Daten – kann die Kombination aus verschlüsselter E-Mail, eigener Domain und eigenem Mailserver zusätzlichen Schutz bieten. Das erfordert allerdings technisches Wissen.

Kommen wir zu Sprach- und Videoanrufen. Viele Menschen glauben, dass Telefonate privat sind, doch herkömmliche Telefonanrufe können abgehört werden. Apps wie Zoom, Skype oder FaceTime bieten unterschiedliche Sicherheitsstufen, sind aber nicht in jeder Situation vollständig Ende-zu-Ende-verschlüsselt.

Verwenden Sie stattdessen Anwendungen wie Signal oder Jitsi Meet für verschlüsselte Sprach- und Videoanrufe. Signalanrufe sind standardmäßig privat. Jitsi ist Open Source und ermöglicht verschlüsselte Videokonferenzen ohne Registrierung.

Sprechen wir nun über Metadaten. Selbst wenn Ihre Nachrichten verschlüsselt sind, werden Informationen wie Kommunikationspartner, Zeitpunkt und Dauer oft weiterhin gespeichert. Diese Daten können viel über Ihre Gewohnheiten, Ihren Standort und Ihr soziales Netzwerk verraten. Signal und ProtonMail minimieren die Sammlung solcher Daten, während viele Mainstream-Apps sie umfassend protokollieren.

Um die Offenlegung von Metadaten zu reduzieren:

Nutzen Sie Apps mit minimaler Protokollierung wie Signal oder Threema

Deaktivieren Sie Lesebestätigungen und Tippanzeigen

Vermeiden Sie die Verknüpfung Ihrer Telefonnummer, wenn dies optional ist

Verwenden Sie Alias-Adressen und anonyme Benutzernamen

Synchronisieren Sie Kontakte nicht automatisch

Sie sollten außerdem die Kontrolle über die Speicherung Ihrer Nachrichten übernehmen. Viele Menschen wissen nicht, dass gelöschte Nachrichten weiterhin in Cloud-Backups, Screenshots oder exportierten Chats existieren können. Um dies zu begrenzen:

Aktivieren Sie selbstlöschende Nachrichten für persönliche Chats

Deaktivieren Sie Cloud-Backups oder nutzen Sie verschlüsselte Speicherlösungen

Löschen Sie Chatverläufe regelmäßig manuell

Sensibilisieren Sie auch Ihre Kontakte für sichere Kommunikation

Seien Sie vorsichtig bei Gruppenchats, da diese schwerer abzusichern sind. Wenn ein Mitglied unsichere Geräte verwendet oder Transkripte speichert, kann die gesamte Unterhaltung kompromittiert werden. Führen Sie sensible

Gespräche nur in kleinen, vertrauenswürdigen Gruppen und ausschließlich über verschlüsselte Apps.

Vergessen Sie auch nicht E-Mail-Tracker. Viele Newsletter und Marketing-E-Mails enthalten unsichtbare Tracking-Pixel, die melden, wann Sie eine Nachricht öffnen, welches Gerät Sie verwenden und wo Sie sich befinden. Um Tracker zu blockieren:

Nutzen Sie Browser-Erweiterungen wie Trocker oder uBlock Origin

Deaktivieren Sie das automatische Laden von Bildern in Ihrem E-Mail-Programm

Öffnen Sie Marketing-E-Mails nach Möglichkeit im Nur-Text-Modus

Zusammenfassend hier Ihre Checkliste für sichere Kommunikation:

Verwenden Sie Signal für Textnachrichten, Sprach- und Videoanrufe mit vertrauenswürdigen Kontakten

Nutzen Sie ProtonMail oder Tutanota für E-Mails – besonders bei sensiblen Inhalten

Vermeiden Sie Standard-SMS oder Gmail für private oder rechtliche Angelegenheiten

Aktivieren Sie selbstlöschende Nachrichten, Bildschirmsperren und Zwei-Faktor-Authentifizierung

Deaktivieren Sie Metadaten-Funktionen wie Lesebestätigungen und Kontaktsynchronisierung

Vermeiden Sie öffentliche WLAN-Netze ohne VPN

Minimieren Sie die Speicherung und Sicherung sensibler Kommunikation

Datenschutz in der Kommunikation bedeutet nicht nur, Lauscher fernzuhalten – es geht darum, Intimität, Vertrauen und Autonomie in einer Welt zurückzugewinnen, die von Ihren Gesprächen profitiert.

Im nächsten Kapitel werden wir uns darauf konzentrieren, wie Sie Ihre Identität und Finanzen vor Online-Betrug, Datenlecks und Diebstahl schützen können.

Amiras 2FA-Geschichte

Amira war eine freiberufliche Beraterin mit Kunden auf der ganzen Welt. Sie hatte ihr Geschäft mit Zoom, Gmail, Google Docs und WhatsApp aufgebaut. Kommunikation war alles. Sie war ständig erreichbar – schrieb spätabends Nachrichten an Kunden, versendete E-Mails über verschiedene Zeitzonen hinweg und wechselte ständig zwischen Plattformen. Es war effizient, schnell ... und verletzlich.

Über Datenschutz dachte sie kaum nach, bis sie eines Tages eine seltsame E-Mail von einem Kunden aus Großbritannien erhielt: „Nur zur Sicherheit – hast du diesen Vertrag noch einmal geschickt? Irgendetwas wirkt seltsam." Im Anhang befand sich ein Vorschlag, den sie Wochen zuvor versendet hatte. Doch etwas stimmte nicht. Die Signatur sah merkwürdig aus. Die Zahlungsinformationen waren verändert worden. Jemand hatte ihre Nachricht kopiert, bearbeitet und von einer Adresse gesendet, die ihrer täuschend ähnlich war – nur ein Buchstabe unterschied sie.

Der Betrüger hatte ihre Kommunikation überwacht und sich unbemerkt in den Gesprächsverlauf eingeschleust. Ihr wurde übel. Hatten sie ihre E-Mails gelesen? Wie lange lief das schon?

Sofort überprüfte sie ihr Gmail-Konto. Dort war es – eine automatische Weiterleitung aller E-Mails an eine unbekannte Adresse. Ihr Postfach war kompromittiert worden. Sie hatte keine Zwei-Faktor-Authentifizierung aktiviert. Ihr Passwort war alt und mehrfach verwendet worden. Sie hatte keine Ahnung, wie lange jemand bereits mitgelesen hatte.

Amira war wütend – und beschämt.

Sie änderte alle Passwörter und aktivierte 2FA auf jedem Konto, das ihr einfiel. Doch sie wusste, dass das nicht ausreichte. Das Vertrauen war zerstört. Also begann sie, ihre digitale Kommunikation mit Datenschutz als Grundlage neu aufzubauen.

Das Erste, was sie tat, war die Registrierung bei ProtonMail. Es fühlte sich seltsam an, Gmail zu verlassen – so viel ihres Lebens war dort gespeichert. Doch ProtonMail war sauber, einfach und verschlüsselt. Sie erstellte eine neue Adresse für sensible Kommunikation und informierte ihre Kunden: „Zu Ihrer Sicherheit und meiner eigenen werde ich künftig verschlüsselte E-Mails verwenden."

Danach lud sie Signal herunter. Anfangs dachte sie, es sei einfach nur eine weitere Messaging-App – doch schnell wurde sie zu ihrer Lieblingsanwendung. Schnell, übersichtlich und alles war standardmäßig privat. Schritt für Schritt brachte sie Kunden und Geschäftspartner dazu, ebenfalls umzusteigen. Manche waren zunächst skeptisch, doch nachdem sie erklärte, was passiert war, verstanden sie es. „Das hätten wir viel früher machen sollen“, sagte einer ihrer Kunden.

Für Videoanrufe installierte sie Jitsi Meet. Keine Downloads, kein Tracking und keine Registrierung. Es war nicht so elegant wie Zoom, funktionierte aber – und respektierte ihre Privatsphäre. Für größere Projekte nutzte sie weiterhin Mainstream-Tools, war jedoch deutlich vorsichtiger. Sie schützte Meetings mit Passwörtern, nutzte Warteräume und verwendete niemals denselben Link mehrfach.

Um sich künftig vor E-Mail-Imitationen zu schützen, kaufte sie eine eigene Domain und sicherte diese mit starken DNS- und SPF-Einträgen – Schritte, die sie in einem Cybersecurity-Forum gelernt hatte. Dadurch wirkte sie professioneller und gewann mehr Kontrolle. Sie wollte sich nicht länger auf Drittanbieter verlassen, die ihre Daten im Hintergrund verkauften.

Sie trainierte sich außerdem darin, Phishing-Versuche zu erkennen – diese täuschend echten E-Mails, die in Wirklichkeit Betrug waren. Sie klickte keine Links mehr in E-Mails an. Zahlungsinformationen bestätigte sie telefonisch. Das automatische Laden von Bildern deaktivierte sie, um E-Mail-Tracker zu blockieren. Sogar für Newsletter und

Online-Abonnements richtete sie E-Mail-Aliasse ein, um Berufliches und Marketing voneinander zu trennen.

Eines Abends saß sie an ihrem Schreibtisch und betrachtete ihr Dashboard: Signal. ProtonMail. Jitsi. SimpleLogin. Alles war klar strukturiert. Keine Werbung. Keine Tracker. Keine Überraschungen. Es fühlte sich an, als hätte sie endlich ein digitales Chaos beseitigt, das sich jahrelang aufgebaut hatte.

Ihre Denkweise hatte sich verändert. Datenschutz war für sie nicht länger optional. Er war Teil ihrer Professionalität – Teil ihrer Integrität. Genau wie das Anschnallen im Auto ging es nicht um Angst, sondern um Verantwortung.

Amira behielt ihre Veränderungen nicht für sich. Sie hielt einen Vortrag auf einem Online-Freelancer-Gipfel mit dem Titel „Wie man kommuniziert, ohne verfolgt zu werden". Hunderte Menschen nahmen teil. Sie zeigte ihnen, wie man verschlüsselte E-Mails einrichtet, Signal nutzt und Postfächer vor Spam und Spoofing schützt. Die Fragen kamen ohne Ende. Eine Teilnehmerin schrieb: „Mir war gar nicht bewusst, wie angreifbar ich war. Danke."

Rückblickend war der Angriff ein Wendepunkt. Es ging nicht nur darum, einen Betrug zu stoppen. Es ging darum, ihre Grenzen neu zu definieren. Heute arbeitet Amira mit mehr

Kunden als je zuvor – aber zu ihren Bedingungen. Ihre Kommunikation ist bewusst, verschlüsselt und sicher.

Denn wenn sie heute auf „Senden" klickt, weiß sie genau, wer die Nachricht erhält – und wer nicht.

Kapitel 8: Identitätsdiebstahl und finanzielle Privatsphäre

Ihre Identität ist eines Ihrer wertvollsten Güter – und im digitalen Zeitalter gleichzeitig eines der verwundbarsten. Mit nur wenigen Informationen – Ihrem Namen, Geburtsdatum, Ihrer Adresse und Sozialversicherungsnummer – kann ein Cyberkrimineller Kredite beantragen, Kreditkarten eröffnen, gefälschte Steuererklärungen einreichen oder Ihr Bankkonto leerräumen. Identitätsdiebstahl betrifft jedes Jahr Millionen Menschen und bleibt oft unbemerkt, bis erheblicher finanzieller Schaden entstanden ist.

Auch wenn vollständiger Schutz vor Identitätsdiebstahl kaum möglich ist, können Sie es Angreifern deutlich schwerer machen. Der Schutz Ihrer finanziellen Privatsphäre erfordert eine mehrschichtige Strategie aus Kontosicherheit, proaktiver Überwachung, Datenminimierung und intelligenten Gewohnheiten.

Beginnen wir mit den Grundlagen: Was ist Identitätsdiebstahl? Er liegt vor, wenn jemand Ihre persönlichen Daten ohne Ihre Zustimmung verwendet – meist für finanziellen Gewinn. Häufige Formen sind:

Eröffnung von Kreditkonten in Ihrem Namen

Einreichung betrügerischer Steuererklärungen zur Erstattung von Geldern

Diebstahl medizinischer Leistungen

Beantragung staatlicher Unterstützungen

Nutzung Ihrer Identität zur Begehung von Straftaten oder zur Umgehung von Strafverfolgung

Cyberkriminelle gelangen auf unterschiedlichste Weise an diese Daten: durch Phishing-Betrug, Datenlecks, Malware, gestohlene Post oder Social Engineering. Immer häufiger beginnt Identitätsdiebstahl jedoch mit Informationen, die Menschen selbst online preisgeben – über soziale Medien, Online-Formulare oder unsichere Webseiten.

Sichern Sie zunächst Ihre sensiblen Identifikationsdaten. Ihre Sozialversicherungsnummer, Ihr Geburtsdatum und amtliche Ausweisdokumente sollten niemals auf unbestätigten Webseiten eingegeben werden. Vermeiden Sie es außerdem, Dokumente mit persönlichen Informationen per E-Mail zu versenden – insbesondere bei Bewerbungen, Kreditanträgen oder Mietunterlagen. Nutzen Sie stattdessen sichere Dateiübertragungsdienste oder verschlüsselte Anhänge.

Konzentrieren Sie sich danach auf die Sicherheit Ihrer Finanzkonten. Jedes Bank-, Kreditkarten- oder Investmentkonto sollte Folgendes besitzen:

Starke, einzigartige Passwörter

Zwei-Faktor-Authentifizierung (2FA)

Benachrichtigungen für Logins, Transaktionen und Passwortänderungen

Regelmäßig aktualisierte Wiederherstellungsoptionen

Seien Sie vorsichtig, wenn Sie Finanzkonten mit Drittanbieter-Apps oder externen Diensten verbinden. Stellen Sie sicher, dass diese bankentaugliche Verschlüsselung verwenden und eine klare Datenschutzrichtlinie bieten. Im Zweifel sollten Sie Ihre Konten ausschließlich über die offizielle Webseite oder App des jeweiligen Finanzinstituts aufrufen.

Eines der mächtigsten Werkzeuge gegen Identitätsdiebstahl ist die Überwachung und Sperrung Ihrer Kreditdaten. In den Vereinigten Staaten haben Sie Anspruch auf einen kostenlosen Kreditbericht pro Jahr von Equifax, Experian und TransUnion. Überprüfen Sie diese Berichte auf unbekannte Konten, Anfragen oder Fehler.

Für stärkeren Schutz sollten Sie eine Kreditsperre („Credit Freeze") in Betracht ziehen. Eine Sperre beschränkt den Zugriff auf Ihre Kreditakte und erschwert es Betrügern erheblich, neue Konten in Ihrem Namen zu eröffnen. Sie können die Sperre bei Bedarf vorübergehend aufheben, wenn Sie selbst legitime Kredite beantragen möchten.

Wenn Sie noch nicht bereit für eine vollständige Sperre sind, richten Sie zumindest einen Betrugsalarm („Fraud Alert") ein. Dadurch müssen Kreditgeber Ihre Identität zusätzlich überprüfen, bevor neue Konten eröffnet werden.

Nutzen Sie proaktive Identitätsüberwachung. Dienste wie Aura, IdentityForce oder LifeLock überwachen Kreditveränderungen, Datenlecks im Darknet, öffentliche Register und Kontoaktivitäten. Viele Banken und Kreditkartenanbieter bieten inzwischen kostenlose Überwachung als Teil ihres Service an.

Ein weiteres unterschätztes Risiko sind öffentliche Register und Datenhändler. Unternehmen wie Spokeo, Whitepages oder PeopleFinder sammeln Informationen aus Wählerregistern, Immobilienakten oder Gerichtsunterlagen und verkaufen diese weiter. Glücklicherweise können Sie sich meist manuell aus diesen Datenbanken austragen lassen.

Dienste wie PrivacyDuck oder DeleteMe übernehmen dies gegen Gebühr für Sie.

Sprechen wir nun über Online-Shopping und Zahlungsprivatsphäre. Geben Sie Kreditkartendaten niemals auf unbekannten oder ungesicherten Webseiten ein. Achten Sie auf HTTPS in der URL und prüfen Sie die Seriosität der Webseite vor dem Kauf. Wenn möglich, verwenden Sie:

Virtuelle Kreditkarten – temporäre, maskierte Nummern zum Schutz Ihrer echten Daten

Zahlungsdienste mit integriertem Betrugsschutz wie Apple Pay, Google Pay oder PayPal

Prepaid-Debitkarten für risikoärmere Einkäufe

Diese Werkzeuge reduzieren die Wahrscheinlichkeit, dass Ihre echten Zahlungsdaten bei einem Datenleck kompromittiert werden.

Seien Sie äußerst vorsichtig bei Phishing-Betrug. Diese Angriffe erfolgen per E-Mail, SMS oder sogar Telefonanruf und geben sich oft als Banken, Steuerbehörden oder bekannte Marken aus. Klicken Sie niemals auf verdächtige Links und geben Sie keine persönlichen Informationen weiter, wenn Sie den Kontakt nicht selbst initiiert haben. Navigieren Sie immer direkt zur offiziellen Webseite des Unternehmens.

Erwägen Sie separate E-Mail-Adressen für Finanzkonten und allgemeine Nutzung. Das reduziert die Angriffsfläche und macht verdächtige Aktivitäten leichter erkennbar. Nutzen Sie Aliasse oder Weiterleitungsdienste wie SimpleLogin, um Ihre echte Adresse bei Registrierungen zu schützen.

Wenn Sie Cloud-Speicher wie Google Drive, Dropbox oder iCloud für Finanzdokumente verwenden, sichern Sie diese mit 2FA, Verschlüsselung und eingeschränkten Freigaben ab. Speichern Sie keine unverschlüsselten Steuerunterlagen, Ausweiskopien oder Kontonummern auf gemeinsam genutzten Geräten oder Ordnern.

Und was tun, wenn Ihre Identität gestohlen wurde?

Handeln Sie sofort:

Melden Sie den Vorfall bei IdentityTheft.gov

Kontaktieren Sie betroffene Banken und schließen oder sperren Sie Konten

Richten Sie Betrugswarnungen oder Kreditsperren bei allen drei Auskunfteien ein

Erstatten Sie bei Bedarf Anzeige bei der Polizei

Dokumentieren Sie sämtliche Kommunikations- und Wiederherstellungsschritte

Die emotionale Belastung durch Identitätsdiebstahl kann enorm sein. Viele Opfer berichten von Scham, Wut oder Hilflosigkeit. Doch wer informiert und vorbereitet ist, reduziert sowohl das Risiko als auch die Reaktionszeit im Ernstfall.

Zusammenfassend sollte Ihre Strategie für finanzielle Privatsphäre und Identitätsschutz Folgendes beinhalten:

Kontosicherheit durch Passwörter, 2FA und Warnmeldungen

Kreditüberwachung und Kreditsperren

Austragung aus Datenhändler-Datenbanken

Sichere Zahlungsmethoden beim Online-Shopping

Bewusstsein für Phishing-Angriffe

Verschlüsselte Cloud-Speicherung sensibler Dokumente

Einen persönlichen Notfallplan für den Ernstfall

In der digitalen Welt bedeutet der Schutz Ihrer Identität, Ihre Freiheit zu schützen. Es geht nicht darum, in Angst zu leben – sondern vorbereitet zu sein.

Im nächsten Kapitel werden wir uns dem Datenschutz für Familien und Kinder widmen und untersuchen, wie sichere digitale Gewohnheiten zu Hause aufgebaut werden können.

Lassen Sie uns nun eine besondere Geschichte betrachten.

Thomas hätte nie erwartet, dass seine Identität gestohlen wird – schon gar nicht vor dem Frühstück. Alles begann um 6:13 Uhr morgens mit einer SMS seiner Bank: „Haben Sie versucht, eine Überweisung über 4.200 Dollar durchzuführen?" Halb schlafend starrte er auf die Nachricht und erstarrte. Das hatte er nicht. Als er seine Banking-App öffnete, war das Konto gesperrt. Sofort setzte Panik ein. Was war passiert?

In den folgenden Stunden entwickelte sich der Albtraum vollständig. Jemand hatte eine Kreditkarte in seinem Namen eröffnet. Unter seiner Sozialversicherungsnummer war ein Kreditantrag gestellt worden. Noch schlimmer: Die Täter hatten sich bereits Zugang zu seinem Bankkonto verschafft – mithilfe von Zugangsdaten aus einem Datenleck eines Einzelhändlers, bei dem er seit Jahren nicht mehr eingekauft hatte. Ein Krimineller hatte genügend persönliche

Informationen aus alten Konten, sozialen Medien und Online-Formularen zusammengesetzt, um sich erfolgreich als Thomas auszugeben.

Thomas fühlte sich verletzt. Nicht nur finanziell, sondern persönlich. Jemand war in seine digitale Identität geschlüpft und hatte Teile seines Lebens gestohlen.

Er hatte sich immer für vorsichtig gehalten. Er teilte nicht zu viel online und fiel nicht auf Spam-E-Mails herein. Doch jetzt, nach zahllosen Gesprächen mit Banken, Auskunfteien und der Polizei, erkannte er, dass Vorsicht nicht dasselbe ist wie Schutz.

An diesem Abend setzte sich Thomas an seinen Schreibtisch und begann, sein digitales Leben Stein für Stein neu aufzubauen.

Zuerst ließ er seine Kreditakte bei Experian, Equifax und TransUnion sperren. Der Vorgang dauerte insgesamt etwa zwanzig Minuten, machte aber einen gewaltigen Unterschied. Niemand – nicht einmal er selbst – konnte nun neue Kreditlinien eröffnen, solange die Sperre nicht manuell aufgehoben wurde. Zusätzlich richtete er Betrugswarnungen ein, damit Kreditgeber seine Identität bei zukünftigen Anträgen überprüfen mussten.

Danach erstellte er Konten bei AnnualCreditReport.com und lud seine Berichte herunter. Fünf unbekannte Anfragen tauchten darin auf – klare Hinweise auf Betrug. Er reichte Widersprüche bei jeder Auskunftei ein und fügte unterstützende Dokumente hinzu. Anschließend meldete er den Fall bei IdentityTheft.gov, wo ihm Vorlagen für Gläubiger und ein Wiederherstellungsplan bereitgestellt wurden.

Thomas überprüfte außerdem jedes einzelne Finanzkonto. Er änderte Passwörter, aktivierte Zwei-Faktor-Authentifizierung und entfernte alte E-Mail-Adressen, die nicht mehr sicher waren. Zusätzlich richtete er Login- und Transaktionswarnungen ein, damit ihn künftig nichts mehr überraschen konnte.

Dann nahm er sich die Datenhändler vor. Er suchte seinen Namen auf Webseiten wie Whitepages, Spokeo und MyLife. Zu seiner Überraschung fanden sich dort sein vollständiger Name, sein Alter, frühere Adressen, Telefonnummern und sogar die Namen von Verwandten. Jeder hätte für wenige Dollar sein komplettes Profil herunterladen können. Er verbrachte ein ganzes Wochenende damit, sich von jeder Plattform abzumelden, die er finden konnte. Es war mühsam – aber notwendig. „Ich würde niemals meine Haustür offen stehen lassen“, dachte er. „Warum also mein digitales Leben?“

Er begann außerdem, einen Passwort-Manager zu verwenden und für jedes Konto einzigartige Zugangsdaten zu erstellen. Keine wiederverwendeten Phrasen mit einer Zahl am Ende mehr. Für Online-Einkäufe nutzte er virtuelle Kreditkarten – temporäre Nummern, die mit seinem echten Konto verbunden waren, aber nach einmaliger Verwendung abliefen. Zusätzlich registrierte er sich bei ProtonMail und verschob alle Finanz-E-Mails auf eine neue, private Adresse. Es fühlte sich an, als hätte er einen neuen Schlüssel für ein Haus erhalten, in das eingebrochen worden war.

Später im Monat besuchte Thomas einen lokalen Cybersecurity-Workshop. Er war nicht allein. Dutzende andere Menschen hatten ähnliche Geschichten – Menschen, die auf die falsche E-Mail geklickt, dasselbe Passwort zu oft verwendet oder zu viele Online-Formulare ausgefüllt hatten, ohne nachzudenken. „Das Erschreckendste", sagte Thomas während der Fragerunde, „war, dass ich gar nicht wusste, wie angreifbar ich war. Ich war nicht leichtsinnig – ich war einfach nicht vorbereitet."

Mit der Zeit wurde Thomas zum Datenschutz-Botschafter in seinem Umfeld. Er zeigte seiner Familie, wie man Kreditsperren einrichtet. Er erklärte seiner Schwester, wie sie anonyme E-Mail-Aliasse für Bewerbungen nutzen konnte. Er half sogar seinen Eltern dabei, ihre Online-Profile aufzuräumen und sichere Messenger zu verwenden.

Monate später erhielt er einen Brief von einer Bank, die einen betrügerischen Kreditantrag abgelehnt hatte. Darin stand: „Antrag aufgrund von Identitätsabweichungen abgelehnt.“ Thomas lächelte. Seine Schutzmaßnahmen funktionierten endlich.

Thomas vergaß nie, wie es sich anfühlte, völlig unvorbereitet getroffen zu werden. Doch ebenso wenig vergaß er, wie befreiend es war, die Kontrolle zurückzugewinnen.

Für ihn bedeutete Privatsphäre nicht, sich zu verstecken. Es bedeutete, aufrecht zu stehen. Es bedeutete, das Fundament seiner Identität – seinen Namen, seine Stimme und seine Entscheidungen – zu schützen, bevor jemand anderes versuchte, es für sich zu beanspruchen.

Kapitel 9: Online-Privatsphäre für Familien und Kinder

Im modernen Haushalt ist Privatsphäre nicht nur ein Thema für Erwachsene – sie betrifft die ganze Familie. Kinder wachsen heute in einer digitalen Welt auf, in der ihre Gewohnheiten, Vorlieben, Stimmen, Bilder und sogar biometrischen Daten bereits in jungen Jahren gesammelt werden. Ob durch Lern-Apps, intelligente Spielzeuge, YouTube-Kanäle oder soziale Medien – Kinder werden verfolgt, oft ohne die Risiken zu verstehen oder echte Zustimmung geben zu können.

Als Elternteil oder Erziehungsberechtigter kann es überwältigend wirken, die Online-Privatsphäre Ihres Kindes zu schützen. Doch mit den richtigen Werkzeugen, Bewusstsein und klaren Grenzen können Sie eine digitale Umgebung schaffen, die Ihren Kindern ermöglicht, sicher zu entdecken und zu lernen, ohne dass ihre persönlichen Daten in falsche Hände geraten.

Zunächst sollten Sie das Ausmaß der Datensammlung auf Kinderplattformen verstehen. Viele Apps und Webseiten für Kinder verfolgen Verhalten, Nutzungsmuster und sogar Tastatureingaben. Manche sammeln Standortdaten,

Sprachaufnahmen oder greifen auf Kamera und Mikrofon zu. Obwohl Gesetze wie COPPA in den USA die Datensammlung bei Kindern unter 13 Jahren einschränken sollen, ist die Durchsetzung oft inkonsequent – und viele Apps umgehen die Regeln, indem sie „Familien" statt ausdrücklich „Kinder" ansprechen.

Deshalb ist elterliche Aufsicht entscheidend. Der erste Schritt besteht darin, die Exposition zu begrenzen. Kinder unter einem bestimmten Alter sollten keinen uneingeschränkten Zugang zum Internet haben. Nutzen Sie kinderspezifische Betriebssysteme wie Amazon FreeTime oder den iPad-Kindermodus und konfigurieren Sie Familien-Sicherheitseinstellungen auf jedem Gerät. Sowohl iOS als auch Android bieten Kindersicherungen, mit denen App-Downloads eingeschränkt, Webseiten blockiert, Bildschirmzeiten verwaltet und Käufe oder Inhalte genehmigt werden können.

Überprüfen und verwalten Sie App-Berechtigungen. Viele Kinder-Apps verlangen unnötigen Zugriff auf Kamera, Mikrofon, Kontakte oder Standortdaten. Diese Berechtigungen können in den Geräteeinstellungen entzogen werden. Fragen Sie sich: Braucht eine Mal-App wirklich GPS? Wenn die

Antwort nein lautet, verweigern Sie den Zugriff oder löschen Sie die App vollständig.

Ebenso wichtig ist es, offen mit Kindern über digitale Fußabdrücke zu sprechen. Schon junge Kinder können verstehen, was Privatsphäre bedeutet. Erklären Sie ihnen, dass sie online niemals ihren vollständigen Namen, ihre Adresse, Schule oder Telefonnummer teilen sollten. Ermutigen Sie sie, sofort mit Ihnen zu sprechen, wenn ihnen seltsame Nachrichten, Pop-ups oder fremde Personen begegnen. Rollenspiele helfen dabei, gefährliche Situationen im Internet zu erkennen und richtig zu reagieren.

Soziale Medien bringen eine weitere Ebene der Komplexität mit sich. Die meisten Plattformen setzen ein Mindestalter von 13 Jahren voraus, doch viele Kinder treten deutlich früher bei. Wenn Ihr Kind Plattformen wie TikTok, Instagram oder YouTube nutzt, helfen Sie ihm dabei:

Das Profil auf privat zu stellen

Standortfreigaben zu deaktivieren

Pseudonyme oder nur den Vornamen zu verwenden

Persönliche Informationen nicht zu veröffentlichen

Direktnachrichten von Fremden zu blockieren

Einzuschränken, wer Beiträge sehen, kommentieren oder markieren darf

Noch besser ist es, soziale Medien hinauszuzögern, bis Kinder reif genug sind, die langfristigen Folgen von Online-Posts zu verstehen. Jeder Beitrag kann kopiert, gespeichert und weiterverbreitet werden – selbst wenn er später gelöscht wird. Helfen Sie Kindern zu verstehen, dass das Internet ein Gedächtnis besitzt.

Eltern sollten auch ihr eigenes Verhalten online reflektieren – insbesondere sogenanntes „Sharenting", also das Posten von Fotos, Videos oder Geschichten über die eigenen Kinder. Was harmlos erscheint, kann Namen, Geburtstage, Orte, Routinen und Gesichter offenlegen, die von Gesichtserkennungssystemen oder Kriminellen missbraucht werden können. Fragen Sie sich vor jedem Post: Würde mein Kind dem später zustimmen? Wird es damit leben können, dass dieses Bild für immer online existiert?

Sie können Ihre Familie zusätzlich schützen, indem Sie kinderfreundliche Suchmaschinen wie Kiddle oder KidRex und sichere Lernplattformen nutzen, die nicht auf Werbeeinnahmen basieren. Wählen Sie Lern- und Spielanwendungen mit klaren Datenschutzrichtlinien und ohne Verkauf von Nutzerdaten. Unterstützen Sie

Unternehmen, die Datenminimierung anbieten und einfache Löschmöglichkeiten bereitstellen.

Installieren Sie Werbeblocker und Tracking-Schutz auf allen Geräten im Haushalt. Kinder sollten nicht mit manipulativer Werbung basierend auf ihrem Surfverhalten konfrontiert werden. Browser wie Brave oder Firefox mit Kindersicherungen sind sicherer als Standardoptionen wie Chrome. Werkzeuge wie CleanBrowsing oder OpenDNS Family Shield können zusätzlich ungeeignete Inhalte auf Netzwerkebene filtern.

Es ist außerdem ratsam, intelligente Geräte wie Alexa, Google Home oder internetfähige Spielzeuge aus Kinderzimmern fernzuhalten. Diese Geräte hören oft dauerhaft mit und können Daten ohne vollständige Transparenz aufzeichnen oder übertragen. Falls Sie sie nutzen, deaktivieren Sie Sprachaufzeichnungen und überprüfen Sie regelmäßig die Datenschutzeinstellungen.

Informieren Sie sich über Phishing und Betrugsmaschen, die speziell Kinder ansprechen. Kinder erkennen oft keine gefälschten Gewinnspiele, „kostenlosen Spiel-Downloads“ oder Pop-ups, die sie zur Eingabe persönlicher Daten verleiten sollen. Browser-Erweiterungen gegen Pop-ups und betrügerische Werbung helfen – doch Gespräche und Aufklärung bleiben die stärksten Werkzeuge.

Erstellen Sie einen Familienplan für digitale Privatsphäre mit Regeln wie:

Keine persönlichen Informationen online teilen

Vor jedem App-Download um Erlaubnis fragen

Mit Eltern sprechen, bevor auf Nachrichten unbekannter Personen geantwortet wird

Starke Passwörter verwenden und niemals mit Freunden teilen

Sich auf gemeinsam genutzten Geräten immer ausloggen

Bildschirmzeit als Gelegenheit für Datenschutz-Check-ins nutzen

Vor allem aber: Gehen Sie mit gutem Beispiel voran. Wenn Sie möchten, dass Ihre Kinder Privatsphäre schätzen, zeigen Sie ihnen aktiv, wie das aussieht. Lassen Sie sie sehen, wie Sie Einstellungen anpassen, App-Berechtigungen hinterfragen oder verschlüsselte Tools verwenden. Datenschutz sollte Teil normaler Gespräche sein – nicht nur eine Strafe oder Angstmache.

Zusammenfassend geht es beim Schutz von Kindern im Internet nicht nur darum, Webseiten zu blockieren – sondern darum, lebenslange Gewohnheiten aufzubauen. Ermutigen Sie Ihre Kinder, neugierig, kreativ und vernetzt zu sein – aber mit Grenzen. Die digitale Welt bleibt bestehen. Ihre Aufgabe ist es, dafür zu sorgen, dass Ihre Kinder darin mit Sicherheit, Selbstbewusstsein und Respekt für ihre eigenen Daten aufwachsen.

Im nächsten und letzten Lehrkapitel werden wir alles zusammenführen und ein System für lebenslange digitale Datenschutzgewohnheiten entwickeln – für Sie selbst und die Menschen, die Ihnen wichtig sind.

Sofias Zukunft

Sofia dachte immer, sie sei eine gute Mutter. Sie war stolz auf die Kreativität und das Selbstvertrauen ihrer Tochter Emma. Als Emma begann, lustige Videos auf ihrem Tablet aufzunehmen, unterstützte Sofia sie begeistert. Anfangs waren es nur alberne Sketche und Tanzvideos aus dem Wohnzimmer. Sofia veröffentlichte sie auf Facebook oder Instagram mit Bildunterschriften wie „Hier wächst ein zukünftiger Star heran! 💫“ Freunde und Familie liebten die Beiträge. Likes und Herzen strömten herein.

Doch dann begann sich etwas zu verändern.

Emma, inzwischen zehn Jahre alt, wollte die Videos selbst posten. Sie wollte ein TikTok-Konto wie ihre Klassenkameraden. Sie hatte gehört, dass manche Kinder „viral gehen", kostenlose Produkte erhalten oder sogar berühmt werden könnten. Sofia zögerte, gab schließlich aber nach – unter einer Bedingung: Sie würde alles überwachen.

Anfangs schien alles harmlos. Emma tanzte, synchronisierte Lieder oder bastelte. Die Followerzahl stieg schnell. Eines Tages warf Sofia jedoch einen Blick in die Kommentare unter Emmas neuestem Beitrag. Dutzende Nachrichten erschienen dort – manche von Kindern, andere offensichtlich von Erwachsenen, die sich jünger ausgaben. Ein Kommentar lautete: „Du bist wirklich hübsch. Möchtest du chatten?" Ein anderer fragte, wo Emma wohne. Ein Konto hatte weder Profilbild noch Beiträge – nur einen Benutzernamen voller Zahlen.

Sofia wurde übel.

Sie löschte zuerst das Video, dann den gesamten Account. Emma weinte stundenlang. „Warum ruinierst du alles?", fragte sie. Sofia wusste nicht, wie sie erklären sollte, dass sie ungewollt ein Fenster in ihr Leben geöffnet hatte – und Fremde hineingeschaut hatten.

In dieser Nacht blieb Sofia lange wach und las über Online-Sicherheit für Kinder. Sie entdeckte, wie Apps Daten sammeln – sogar von Minderjährigen. Sie las über Gesichtserkennung, Datenbroker und Täter, die harmlose Videos nutzen, um verwundbare Kinder zu finden. Sie hatte geglaubt, ihre Anwesenheit allein würde reichen. Das tat sie nicht.

Am nächsten Tag setzte sich Sofia mit Emma zusammen und erstellte einen neuen Plan.

Sie setzten jedes Gerät zurück. Auf Emmas Tablet deaktivierten sie Standortfreigaben, Kamerazugriffe für unnötige Apps und schalteten das Mikrofon ab, wo immer möglich. Sofia installierte Family Link, legte Zeitlimits fest, genehmigte neue Apps und filterte Inhalte. Außerdem wechselten sie zu Kiddle – einer kindersicheren Suchmaschine mit gefilterten Ergebnissen und ohne Werbung.

Sofia richtete außerdem eine neue gemeinsame E-Mail-Adresse für Emmas Online-Aktivitäten ein – ohne vollständigen Namen oder persönliche Details. Gemeinsam sprachen sie darüber, warum Benutzernamen keine

Geburtstage, Schulnamen oder identifizierende Informationen enthalten sollten.

Dann kam der schwierigste Teil: Sofia musste Verantwortung für ihr eigenes Oversharing übernehmen.

Sie scrollte durch ihre Instagram- und Facebook-Profile. Dutzende Babyfotos, Einschulungsbilder, Geburtstagsfeiern, Emma im Fußballtrikot – inklusive sichtbarem Schulnamen. Ohne es zu merken, hatte Sofia weit mehr Informationen preisgegeben als Emma selbst. Sie begann, die Beiträge zu löschen. Es tat weh. Es waren Erinnerungen. Aber sie gehörten nicht nur ihr allein.

Sie sprachen außerdem über digitale Zustimmung. Emma lernte, dass sie online nicht antworten muss, nur weil jemand etwas fragt. Dass Privatsphäre bedeutet, sich nicht für Fremde präsentieren zu müssen. Dass sie Nein sagen darf – zu Kommentaren, Nachrichten und sogar Erwachsenen. Sofia beobachtete, wie ihre Tochter diese Gedanken verinnerlichte. Zum ersten Mal leistete Emma keinen Widerstand. Sie fühlte sich stärker und kontrollierter.

In den folgenden Wochen veränderte sich ihre Routine. Sie richteten einen gemeinsamen digitalen Kalender ein, planten bildschirmfreie Wochenenden und nutzten Signal, um mit engen Freunden und Familie zu kommunizieren. Emma drehte weiterhin Videos – aber jetzt wurden sie in einem privaten Ordner gespeichert und nur mit Großeltern und wenigen vertrauten Personen geteilt. Sofia und Emma produzierten sie gemeinsam und lachten mehr, weil kein Druck mehr bestand, „viral zu gehen".

In der Schule bemerkte Emma plötzlich Dinge, die ihren Freunden nicht auffielen – wie manche Apps seltsame Berechtigungen verlangten oder gesponserte Inhalte manipulativ wirkten. Sie wurde zur Datenschutz-Expertin ihrer Klasse. Eines Tages sagte sie zu ihrer Lehrerin: „Wussten Sie, dass diese App Ihre Daten verkauft?" Sofia musste lächeln, als sie die Geschichte hörte.

Später im Jahr organisierten sie gemeinsam einen „Digital Safety Night"-Abend in der örtlichen Bibliothek. Eltern kamen, Lehrer ebenfalls und sogar einige Jugendliche. Sofia und Emma standen nebeneinander vor dem Publikum und erzählten ihre Geschichte – was sie gelernt hatten, was ihnen Angst gemacht hatte und was sich verändert hatte.

Sofia beendete den Vortrag mit einem einfachen Gedanken: „Wir wollen unsere Kinder nicht dazu erziehen, Angst vor dem Internet zu haben. Wir wollen, dass sie aufmerksam sind. Und wir wollen sie schützen – nicht nur mit Verboten, sondern mit besseren Gewohnheiten."

Der Applaus war laut, doch was Sofia besonders berührte, war eine Nachricht am nächsten Tag: „Danke. Mir war nicht bewusst, dass ich die Geschichte meines Kindes preisgegeben habe, bis Sie Ihre erzählt haben."

Heute glaubt Sofia, dass Privatsphäre ein Geschenk ist, das wir weitergeben. Nicht nur durch Regeln und Einschränkungen, sondern durch Vorbilder, Vertrauen und Gespräche. Und in ihrem Zuhause ist digitale Sicherheit keine Vorlesung mehr – sondern ein Lebensstil.

Kapitel 10: Lebenslange Datenschutzgewohnheiten aufbauen

Inzwischen haben Sie die wichtigsten Bereiche der Online-Privatsphäre kennengelernt – von Passwörtern und sozialen Medien bis hin zu sicherer Kommunikation, Geräteschutz und finanzieller Sicherheit. Doch Wissen ohne konsequente Umsetzung verblasst schnell. Deshalb konzentriert sich dieses letzte Kapitel darauf, Ihr Bewusstsein in lebenslange Datenschutzgewohnheiten zu verwandeln, die sich gemeinsam mit Ihnen weiterentwickeln. In der heutigen datengetriebenen Welt ist Datenschutz keine einmalige Lösung mehr – sondern eine tägliche Praxis.

Beginnen Sie damit, Ihre Denkweise zu verändern. Datenschutz bedeutet nicht, sich zu verstecken – sondern bewusst zu entscheiden, was Sie teilen, mit wem und wann. Es geht darum, digitale Grenzen genauso zu schützen wie physische. Sie würden keinen Fremden ohne Erlaubnis durch Ihr Haus laufen lassen. Genauso wenig sollten Sie unbekannten Unternehmen oder Kriminellen erlauben, durch Ihre Daten zu gehen.

Um langfristige digitale Privatsphäre aufrechtzuerhalten, sollten Sie ein System aus monatlichen, vierteljährlichen und jährlichen Gewohnheiten entwickeln. Kleine Routinen summieren sich mit der Zeit zu einem starken Schutzschild.

Monatliche Datenschutzgewohnheiten

Überprüfen Sie Geräteeinstellungen: Gehen Sie die App-Berechtigungen auf Ihrem Smartphone und Computer durch. Entziehen Sie Apps den Zugriff auf Kamera, Mikrofon, Standort und Kontakte, wenn diese Funktionen nicht zwingend notwendig sind.

Löschen Sie Browserdaten: Entfernen Sie Cookies, Cache und Browserverlauf auf allen Geräten. Nutzen Sie Browser-Erweiterungen, um Tracker zu blockieren und Tracking-Codes aus URLs zu entfernen.

Prüfen Sie Software-Updates: Aktualisieren Sie Betriebssysteme, Apps, Antivirensoftware und Firmware von Smart-Home-Geräten. Viele Updates schließen aktuelle Sicherheitslücken.

Scannen Sie nach Datenlecks: Verwenden Sie Dienste wie HaveIBeenPwned oder Ihren Passwort-Manager, um zu prüfen, ob Ihre E-Mail-Adresse oder Zugangsdaten kompromittiert wurden.

Aktivieren Sie selbstlöschende Nachrichten: Überprüfen Sie Chats in Signal oder WhatsApp und aktivieren Sie verschwindende Nachrichten für nicht essentielle Unterhaltungen.

Überwachen Sie Kontoaktivitäten: Kontrollieren Sie regelmäßig Ihre Finanzkonten sowie Google-, Apple- und Social-Media-Konten. Entfernen Sie unbekannte Geräte oder verdächtige Logins sofort.

Vierteljährliche Datenschutzgewohnheiten

Prüfen Sie Ihre Online-Konten: Erstellen Sie eine Liste aller aktiven Konten und löschen oder deaktivieren Sie diejenigen, die Sie nicht mehr nutzen. Weniger Angriffsfläche bedeutet weniger Risiko.

Aktualisieren Sie Passwörter für Hochrisiko-Konten: Ändern Sie die Zugangsdaten für E-Mail, Banking und Cloud-Speicher. Nutzen Sie einen Passwort-Manager zur sicheren Erstellung und Speicherung.

Kontrollieren Sie Datenschutzeinstellungen in sozialen Netzwerken: Plattformen ändern regelmäßig ihre Richtlinien und Einstellungen. Überprüfen Sie Sichtbarkeit, Werbeeinstellungen und Markierungsrechte erneut.

Suchen Sie nach sich selbst bei Google: Suchen Sie Ihren Namen, Benutzernamen und E-Mail-Adressen. Prüfen Sie, welche Informationen öffentlich sichtbar sind, und entfernen Sie veraltete oder sensible Inhalte.

Testen Sie Ihren Browser-Fingerabdruck: Besuchen Sie Webseiten wie amiunique.org oder coveryourtracks.eff.org, um zu sehen, wie eindeutig und verfolgbar Ihr Gerät ist. Passen Sie Browser-Einstellungen oder Datenschutzwerkzeuge entsprechend an.

Überprüfen Sie VPN- und Datenschutz-Tools: Stellen Sie sicher, dass Ihr VPN aktiv und korrekt eingerichtet ist. Ersetzen Sie abgelaufene Datenschutzdienste oder Abonnements bei Bedarf.

Jährliche Datenschutzgewohnheiten

Laden Sie Ihre Daten herunter: Plattformen wie Google, Facebook oder Apple ermöglichen das Herunterladen aller gespeicherten Daten. Die Ergebnisse sind oft überraschend.

Frieren Sie Ihre Kreditakte ein: Eine Kreditsperre gehört zu den effektivsten Methoden gegen Identitätsdiebstahl. Sie ist kostenlos und kann bei Bedarf wieder aufgehoben werden.

Tragen Sie sich aus Datenhändler-Datenbanken aus: Entfernen Sie Ihre Daten von Seiten wie Whitepages, Spokeo oder PeopleFinder. Dienste wie DeleteMe oder PrivacyDuck können dies automatisieren.

Erstellen Sie einen digitalen Notfallplan: Listen Sie wichtige Konten, 2FA-Wiederherstellungsmethoden und Zugangsdaten auf – sicher gespeichert im Passwort-Manager. Hinterlassen Sie vertrauenswürdigen Personen Anweisungen für Notfälle.

Überprüfen Sie Smart-Home- und IoT-Geräte: Smart Speaker, Fernseher, Kameras und Thermostate sammeln enorme Datenmengen. Deaktivieren Sie unnötige Funktionen wie dauerhaft aktive Mikrofone oder Bewegungsaufzeichnungen in privaten Bereichen.

Reflektieren Sie Ihre digitalen Grenzen: Fragen Sie sich, was sich im letzten Jahr verändert hat – neue Jobs, Beziehungen, Plattformen oder Gewohnheiten? Passen Sie Ihre Datenschutzstrategie entsprechend an.

Langfristige mentale Gewohnheiten

Denken Sie nach, bevor Sie etwas teilen: Fragen Sie sich vor jedem Beitrag, Kommentar oder Klick auf „Zulassen“: „Muss ich das wirklich teilen? Wer profitiert von diesen Daten?“

Standardmäßig ablehnen: Behandeln Sie jede App-Berechtigung mit Skepsis. Gewähren Sie nur Zugriff, wenn er absolut notwendig ist.

Seien Sie skeptisch gegenüber „kostenlosen" Diensten: Wenn ein Service kostenlos ist, verdient er wahrscheinlich Geld mit Ihren Daten. Bevorzugen Sie bezahlte oder Open-Source-Alternativen.

Vermeiden Sie Bequemlichkeit auf Kosten der Sicherheit: Gespeicherte Browser-Passwörter, automatische Zahlungsdaten und offene WLAN-Netze sind bequem – aber riskant.

Bleiben Sie neugierig: Datenschutzwerkzeuge, Betrugsmaschen und Bedrohungen entwickeln sich ständig weiter. Informieren Sie sich über Newsletter, Podcasts oder YouTube-Kanäle zu digitaler Sicherheit.

Denken Sie daran: Datenschutz ist nicht schwarz oder weiß – sondern ein Spektrum. Sie müssen nicht komplett offline gehen, um Kontrolle zurückzugewinnen. Schon einige wenige Gewohnheiten machen Sie schwerer verfolgbar, weniger angreifbar und deutlich selbstbestimmter in Ihrem digitalen Leben.

Vor allem aber ist Privatsphäre eine Form des Respekts – vor sich selbst, Ihrer Familie, Ihren Grenzen und Ihrer Zukunft. Machen Sie Datenschutz zu einem Teil Ihrer Identität. Geben Sie dieses Bewusstsein weiter. Und helfen Sie mit, eine digitale Welt aufzubauen, in der Sicherheit kein Luxus, sondern der Standard ist.

Im letzten Story-Kapitel werden wir erkunden, wie ein datenschutzorientierter Lebensstil im Alltag aussehen kann – und wie eine Familie alles veränderte, indem sie diesen Wandel gemeinsam vollzog.

Marcus und Angelas Passwort-Geschichte

Jahrelang lebten Marcus und Angela wie die meisten modernen Familien – vernetzt, bequem und völlig ahnungslos darüber, wie exponiert sie tatsächlich waren. Zwischen Smart-TVs, Schultablets, Online-Banking und unzähligen Streaming-Abonnements bestand ihr digitales Leben aus Logins, Sprachassistenten und automatisch gespeicherten Passwörtern. Sie waren nicht leichtsinnig. Sie waren einfach beschäftigt.

Doch alles änderte sich, nachdem einer Familienfreundin die Identität gestohlen worden war. Es war ein Weckruf. Diese Freundin, eine alleinerziehende Mutter, hatte sechs Monate gebraucht, um ihre Konten von betrügerischen Krediten und Social-Media-Imitationen zu befreien. Die emotionale Belastung traf Angela besonders hart. „Das könnten wir sein", sagte sie eines Abends zu Marcus, als sie nach dem Zubettbringen der Kinder am Küchentisch saßen. „Wir teilen so viel, ohne darüber nachzudenken."

Also beschlossen sie, etwas zu verändern – nicht nur eine einmalige Aufräumaktion, sondern einen dauerhaften Wandel im Umgang ihrer Familie mit Privatsphäre.

Sie begannen klein. Marcus kaufte einen Passwort-Manager. Ein ganzes Wochenende lang ersetzte er jedes wiederverwendete Passwort durch lange, zufällige Zeichenfolgen. Angela richtete einen Familien-Datenschutzordner ein, in dem verschlüsselte Backups wichtiger Dokumente und Wiederherstellungscodes gespeichert wurden. Gemeinsam legten sie Kalendererinnerungen fest: einmal im Monat Berechtigungen prüfen, einmal pro Quartal Kreditberichte kontrollieren und einmal jährlich Social-Media-Einstellungen überprüfen.

Sie nannten es „Der digitale Haushaltsplan".

Ihre beiden Kinder, neun und dreizehn Jahre alt, waren anfangs skeptisch. Keine zufälligen App-Downloads mehr?

Keine TikToks aus der Schule? Doch Marcus machte daraus ein Spiel. „Datenschutz-Punkte", sagte er. „Jede kluge Entscheidung bringt Punkte. Der Gewinner entscheidet über den Filmabend am Freitag." Die Kinder liebten es. Bald wetteiferten sie darum, wer mehr Tracking-Cookies entdeckte oder die meisten App-Berechtigungen bereinigte.

Angela ging noch weiter. Sie ließ sich aus sämtlichen Datenbroker-Datenbanken austragen, die sie finden konnte. Es dauerte lange – aber sie empfand Genugtuung dabei, den digitalen Fußabdruck ihrer Familie zu verkleinern. Sie hörte auf, ihren echten Namen in E-Mail-Adressen zu verwenden, und meldete sich von Dutzenden Newslettern ab, die ihre Klicks verfolgten. Schließlich löschte sie sogar ihr Facebook-Konto, weil ihr bewusst wurde, dass sie es seit Jahren nicht mehr wirklich genossen hatte.

Sie begannen, Online-Privatsphäre wie einen Familienwert zu behandeln – etwas, das gelehrt, besprochen und regelmäßig praktiziert werden musste. Beim Abendessen teilten sie „digitale Erfolge". Vor dem Schlafengehen lasen sie Geschichten – aber überprüften auch, welche Apps die Kinder an diesem Tag genutzt hatten. Als ihr Sohn fragte, warum sie den Apps nicht einfach vertrauen könnten, antwortete Marcus:

„Vertrauen muss verdient werden – und zu viele Unternehmen verdienen es nicht."

Ihre Internetgewohnheiten veränderten sich drastisch. Sie wechselten von Chrome zu Brave. Von Gmail zu ProtonMail. Von Alexa zu manuellen Lichtschaltern. Sie nutzten Signal statt normaler SMS, und ihr Smart-TV wurde ausgesteckt, wenn er nicht verwendet wurde. Sogar bei Online-Formularen gaben sie nicht mehr ihr echtes Geburtsdatum oder ihre echte Postleitzahl an, sondern anonymisierte Daten, wann immer es möglich war.

An einem Wochenende bauten die Kinder sogar eine „Datenschutz-Festung" – eine Familien-Challenge, um herauszufinden, wie unsichtbar sie online werden konnten. Sie überprüften jedes Gerät, jede Berechtigung und löschten ungenutzte Konten. Der jüngste Sohn, der sich früher über Bildschirmzeitlimits beschwert hatte, prahlte nun damit, dass sein Tablet weniger Tracker hatte als das seiner Freunde. Es wurde zu einem Ehrenzeichen.

Nach sechs Monaten hatte sich etwas verändert. Das Leben wurde ruhiger. Weniger Benachrichtigungen. Weniger Lärm. Keine Spam-Anrufe oder unheimlich präzise Werbung mehr. Sie fühlten sich ruhiger und konzentrierter. Angela sagte: „Mir war gar nicht bewusst, wie viel geistiger Raum von all diesem

Lärm eingenommen wurde." Marcus stimmte zu. Datenschutz fühlte sich nicht mehr nach Angst an – sondern nach Freiheit.

Eines Abends halfen sie ihrer Tochter bei einem Schulprojekt über „Werte in der Familie". Sie schrieb: „Meine Familie schätzt Ehrlichkeit, Freundlichkeit und Privatsphäre." Angela bekam Tränen in den Augen. Sie hatten mehr getan, als nur Werkzeuge zu installieren – sie hatten eine Kultur geschaffen.

In der folgenden Woche wurde Marcus eingeladen, bei der „Digital Wellness Day"-Veranstaltung seines Unternehmens zu sprechen. Er erzählte ihre Geschichte – nicht als Experte, sondern als normale Familie, die beschlossen hatte, die Kontrolle zurückzugewinnen. Seine letzte Folie lautete: „Privatsphäre ist nichts, das man kauft. Es ist etwas, das man aufbaut. Gewohnheit für Gewohnheit."

Heute führen sie ihre Routine fort. Monatliche Überprüfungen. Vierteljährliche Resets. Jährliche Audits. Es ist einfach Teil ihres Lebens geworden – wie Zähneputzen oder das Abschließen der Haustür. Sie streamen weiterhin Filme, nutzen Apps und surfen im Internet. Aber sie tun es bewusst, aufmerksam und selbstbestimmt.

Und sie schlafen besser deswegen.

Die Kraft der Entscheidung in einer überwachten Welt

Wir leben in einem Zeitalter beispiellosen Zugangs. Wir können Freunden auf der ganzen Welt innerhalb von Sekunden Nachrichten senden, mit einer einzigen Suche nahezu alles lernen, Filme jederzeit streamen und unsere Häuser mit einem einzigen Wort automatisieren. Doch mit jeder neuen Funktion entsteht auch ein neuer Kompromiss. Bequemlichkeit hat sich in jeden Bereich unseres Lebens eingeschlichen – oft auf Kosten unserer persönlichen Privatsphäre.

Die Wahrheit ist: Die meisten Menschen haben sich nie bewusst dafür entschieden, ihre Daten preiszugeben. Es ist einfach passiert. Ein schnelles „Akzeptieren" bei den Nutzungsbedingungen. Ein gespeichertes Passwort hier, ein synchronisierter Kalender dort. Und ehe man sich versieht, wussten Unternehmen mehr über sie als sie selbst.

Aber was wäre, wenn wir das ändern könnten?

Dieses Buch sollte Ihnen niemals Angst machen oder Sie dazu bringen, sich vollständig von der digitalen Welt abzuschotten oder sich für frühere Gewohnheiten zu schämen. Es wurde geschrieben, um Sie zu stärken. Denn Privatsphäre hat nichts mit Paranoia zu tun – sondern mit Selbstbestimmung. Es geht darum, Ihre Fähigkeit zurückzugewinnen, sich in der digitalen Welt nach Ihren eigenen Regeln zu bewegen. Es geht darum, den Unterschied zu erkennen zwischen dem Produkt zu sein und der Kunde zu sein. Zwischen passivem Konsum und bewusster Entscheidung.

Was Sie in diesen zehn Kapiteln gelernt haben, ist keine einfache Checkliste – es ist eine Denkweise. Sie wissen nun, wie man starke Passwörter erstellt und warum sie wichtig sind. Sie verstehen, dass privates Surfen nicht wirklich privat ist und dass verschlüsselte Kommunikation längst nicht mehr nur für Whistleblower oder Programmierer gedacht ist – sondern für jeden Menschen. Sie haben gesehen, wie Identitätsdiebstahl ein Leben zerstören kann, wie Kinder still und heimlich von scheinbar harmlosen Apps verfolgt werden und wie soziale Medien, wenn sie unkontrolliert bleiben, Ihr Leben in ein offenes Buch verwandeln können, das für den Profit anderer geschrieben wird.

Doch noch wichtiger ist: Sie haben gesehen, wie gewöhnliche Menschen – Eltern, Freelancer, Studenten und Familien – die Kontrolle zurückgewinnen können. Sie haben erkannt, dass Datenschutz möglich, realistisch und unglaublich befreiend ist. Sie haben verstanden, dass man dafür nicht verschwinden muss. Es reicht, vor dem Klicken nachzudenken. Vor dem Akzeptieren zu prüfen. Vor dem Zulassen zu hinterfragen.

Und vielleicht ist genau das die größte Veränderung: zu erkennen, dass Privatsphäre heute nicht mehr selbstverständlich garantiert wird. Sie ist etwas, das Sie immer wieder bewusst wählen müssen.

Das bedeutet nicht, in Angst zu leben. Es bedeutet, Bewusstsein zu entwickeln. So wie Sie Ihr Zuhause nicht unverschlossen lassen oder Ihre Brieftasche einem Fremden übergeben würden, sollten Sie Ihre Daten nicht ungeschützt Unternehmen oder Personen überlassen, die Ihr Vertrauen nicht verdient haben. Sie haben ein Recht auf Grenzen – auch in der digitalen Welt. Gerade dort.

Auf Ihrem weiteren Weg wird Ihr Datenschutz nicht perfekt sein. Das ist völlig in Ordnung. Es wird Momente geben, in denen Sie vergessen, ein Passwort zu aktualisieren, eine Einstellung übersehen oder eine App herunterladen, die mehr weiß, als sie sollte. Doch der Unterschied ist jetzt: Sie werden es bemerken. Sie werden wissen, wie Sie reagieren müssen. Und Sie werden immer besser darin werden.

Denn Privatsphäre ist kein Ziel. Sie ist eine Reise. Ein Lebensstil. Eine Form von digitalem Selbstrespekt.

Und wie geht es nun weiter?

Vielleicht überprüfen Sie heute Ihre Passwörter. Vielleicht bringen Sie Ihrem Kind bei, wie man Betrug erkennt. Vielleicht laden Sie endlich Signal herunter, wechseln Ihre Suchmaschine oder löschen ein Konto, das längst nicht mehr zu Ihrem Leben passt. Beginnen Sie irgendwo. Beginnen Sie klein. Aber beginnen Sie.

Denn damit werden Sie Teil einer wachsenden weltweiten Bewegung – einer Bewegung, in der Bürger und nicht Konzerne die Regeln bestimmen. Einer Welt, in der Technologie den Menschen dient und nicht umgekehrt. Einer Welt, in der Sie nicht nur Nutzer sind, sondern Beschützer Ihres eigenen digitalen Raums.

Sie brauchen keine Erlaubnis, um Ihre Privatsphäre zu schützen. Sie brauchen nur den Willen dazu.

Entscheiden Sie sich dafür. Leben Sie es. Geben Sie es weiter.

Und vergessen Sie niemals: In einer Welt, die von Ihrer Offenlegung profitiert, ist Ihre Privatsphäre ein Akt des Widerstands – und eine Erklärung von Freiheit.

www.ingramcontent.com/pod-product-compliance
Lightning Source LLC
LaVergne TN
LVHW040520210926
848480LV00007BA/1532
9798256015923